Windmühlen in Schleswig-Holstein
in alten Ansichten Band 8

von Walter Heesch

Europäische Bibliothek ZALTBOMMEL/NIEDERLANDE

Zum Titelbild:
Das Titelbild zeigt die Damper
Bockmühle; sie wurde 1947
abgebrochen.

D ISBN 90 288 6312 5
© 1996 Europäische Bibliothek – Zaltbommel/Niederlande

Einleitung

Über einen Zeitraum von mehr als 600 Jahren spannt sich der Bogen von den ganz aus Holz gebauten Bockmühlen, deren Gehäuse mit Hilfe eines Steerts gedreht werden mußte, um die Flügel in den Wind zu stellen, über die ersten Holländermühlen bis hin zum Niedergang der Windmüllerei zu Beginn der zweiten Hälfte dieses Jahrhunderts. Wenngleich die Bedeutung der Wassermühlen in Schleswig-Holstein, nicht unterschätzt werden darf, so waren es doch mehr die weithin sichtbaren Windmühlen mit ihrem hochaufragenden Flügelkreuz die das winddurchwehte 'Land zwischen den Meeren' prägten. Eingebettet in die im Schutze der Deiche liegenden Marschen oder auf einer natürlichen Anhöhe der von Knicks durchzogenen Geest aus bodenständigen Baustoffen erbaut, boten die Windmühlen eine Einheit von Natur und Technik.

Nach einer Statistik gab es im Jahre 1882 in Schleswig-Holstein (in seinen damaligen Grenzen) 1 135 Mühlenbetriebe. Allerdings untergliedert die Statistik nicht nach Art des Antriebes, so daß die Zahl der zu der Zeit vermehrt aufkommenden mechanisch betriebenen Mühlen und die der Wind- und Wassermühlen nicht exakt zu bestimmen ist.

Die meisten Mühlen, nämlich 1 096, waren Kleinbetriebe mit höchstens fünf Beschäftigten. Im Durchschnitt kam im Jahre 1882 auf 995 Einwohner eine Mühle. 1950 betrug die Einwohnerzahl je Mühle 4 365 und 1961 gar 10 076.

Um die Jahrhundertwende begann ein Rückgang der Mühlen, der sich nach dem Ersten Weltkrieg in einem dramatischen Mühlensterben fortsetzte. Davon waren in erster Linie Wind- und Wassermühlen betroffen, weil neben größeren Betrieben Elektrizität und Dieselmotoren aufs Land zogen. Heute gibt es in Schleswig-Holstein noch etwa siebzig Windmühlen, die wenigstens äußerlich noch alle Merkmale besitzen, die zum Teil noch eine funktionsfähige Mühlentechnik haben und von denen etwa die Hälfte als technische Kulturdenkmale unter Denkmalschutz steht.

Mit der Reihe 'Windmühlen in Schleswig-Holstein in alten Ansichten' wird der Versuch unternommen, anhand von Fotos oder sonstigen bildlichen Darstellungen, für Schleswig-Holstein alle Windmühlenstandorte zu erfassen, wo 1854 oder zu einer späteren Zeit eine Windmühle gestanden hat oder noch steht. Das Jahr 1854 wurde gewählt, weil dieses Jahr in der Mühlengeschichte Schleswig-Holsteins ein bedeutendes Datum ist. Mit Wirkung vom 1. Juli 1854 wurde nämlich im Herzogtum Holstein der Mühlenzwang durch Gesetz aufgehoben, nachdem die Aufhebung des Mühlenzwangs im Herzogtum Schleswig bereits zum 1. Januar 1853 durch Verordnung erfolgte. In die Bände 1-8 wurden insgesamt nur solche Standorte aufgenommen, an denen eine Windmühle für den angegebenen Zeitraum eindeutig nachgewiesen werden konnte. Für Hinweise auf etwaige weitere Standorte wäre der Verfasser dankbar.

Insgesamt sind im Bildteil der Bände 1-8 auf 1 078 Abbildungen, davon 917 Fotos sowie zahlreiche Stiche, Zeichnungen, Lagepläne, Landkarten und sonstige Belege, 898 Windmühlen (ohne Entwässerungsmühlen) erfaßt. Hinzu kommen noch etwa siebzig abgebildete Entwässerungsmühlen, die zur Entwässerung von Niederungen oder beispielsweise beim Torfabbau eingesetzt wurden. Unter ihnen sind, neben der klassischen Kokermühle und der Holländermühle, in Form und Konstruktion variantenreiche Typen zu finden.

In die Bände 7 und 8 wurde in den Fällen, wo es nicht gelang, ein Foto oder eine andere bildliche Darstellung zu beschaffen, eine Landkarte, ein Lageplan oder ein anderer Beleg aufgenommen. Der Band 8 enthält außerdem eine Auflistung von fünfzig Windmühlen, die im Bildteil nicht berücksichtigt werden konnten. Aufgenommen wurde ferner ein Register der Müller und der Mühlenbauer.

Mit diesem nun vorliegenden Band 8 wird die Reihe 'Windmühlen in Schleswig-Holstein in alten Ansichten' abgeschlossen. Der Verfasser dankt für zahlreiche Hinweise und Bildvorlagen, die insbesondere von mühlen- oder heimatkundlich interessierten Personen an ihn herangetragen wurden. Dank gebührt auch Mitarbeitern von Archiven und Behörden für freundliche Mithilfe. Dem Verlag ist für langjährige kooperative Zusammenarbeit zu danken.

Verzeichnis der Abbildungen Band 8

Verzeichnis der Abbildungen Band 1-8

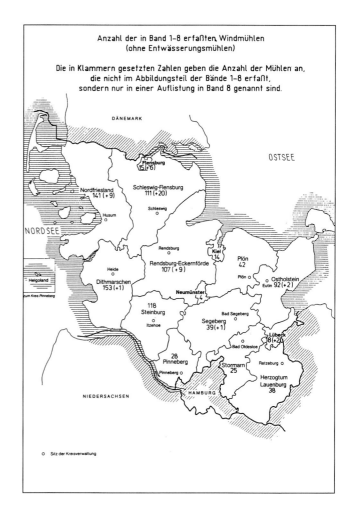

Anzahl der in Band 1-8 erfaßten Windmühlen (ohne Entwässerungsmühlen)

Die in Klammern gesetzten Zahlen geben die Anzahl der Mühlen an, die nicht im Abbildungsteil der Bände 1-8 erfaßt, sondern nur in einer Auflistung in Band 8 genannt sind.

1 Stadum

Als Ersatz für die Wassermühle von Gaarde wurde um 1604 bei Stadum eine Bockmühle erbaut. 1787 erscheint diese Mühle in den Akten als Erbpachtmühle für 52 Taler jährlich. Die Matte betrug 1/16 von der Tonne. Die Bockmühle ist zu unbekannter Zeit durch eine Holländermühle ersetzt worden. Das Foto zeigt die schräg gegenüber der Straße 'Mühlenberg' an der jetzigen Schloßbergstraße am Ortsausgang nach Soholm errichtete Holländermühle. Als das Foto entstand, war der mit Feldsteinen eingefaßte Mühlenwall teilweise abgetragen und durch einen flachgedeckten Anbau ersetzt. Typisch für die Holländermühlen in dieser Gegend ist das Fehlen von Aufschieblingen. Die Windmühle ist um 1928 abgebrannt.

2 Brunottenkoog

Der Brunottenkoog, Gemeinde Aventoft, ist Teil der Wiedaubucht. Alte Urkunden und Beschreibungen sprechen von der Bruns-Odder-Hallig, die als ausgestreckte Landzunge (fries. Odde) mitten in der Wiedaubucht lag. Nach der Bedeichung ist aus dem Brunsodder Koog im Laufe der Zeit der Name 'Brunottenkoog' entstanden. 1720 beschlossen die Kooginteressenten, den Brunsodder Koog mit Hilfe einer Windmühle zu entwässern. Der Mühlenbauer Johan Ecken aus der Wilstermarsch erhielt den Auftrag zum Bau der Mühle. Die Mühlenteile kamen per Schiff von Wilster nach Ruttebüll. Bis wann die Entwässerung auf diese Weise vor sich ging, läßt sich nicht sagen. Die Windmühle wurde 1859 abgebrochen. Letzter Müller war Jürgen Grün. Die Abbildung zeigt eine Handskizze von der Mühle.

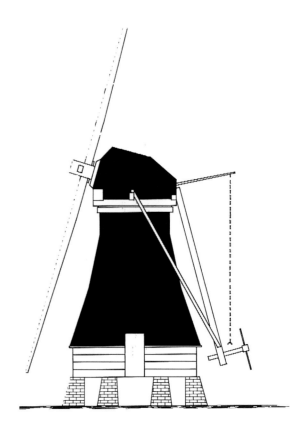

3   Kleiseerkoog

Wenn man von Fahretoft auf dem Moordeich nach Maasbüll fährt, sieht man auf etwa halber Strecke zur linken Hand das Kleiseerkoog-Schöpfwerk und etwas weiter westlich an der Nordseite der Straße zum Kleiseerkoogsdeich einen mit Blech verkleideten Schuppen. Hier stand noch bis nach dem Zweiten Weltkrieg eine Entwässerungsmühle holländischer Bauart. Die Mühle hieß 'Urania' und hatte die Aufgabe, den Wasserstand im großen Sielzug und im Koog zu regulieren. Als Entwässerungsmüller sind August und Eduard Sörensen bekannt. Der letzte Müller hieß August Jessen. Das Foto entstand 1959.

Zu der Zeit befand sich in dem Mühlenstumpf eine elektrische Wasserpumpe. Nach dem Bau des Schöpfswerks wurde die Mühle abgebrochen.

4 Utersum

Der auf der Insel Föhr am weitesten westlich gelegene Ort ist das Seebad Utersum mit 290 Einwohnern im Jahre 1987 (ohne das Sanatorium und das zur Gemeinde Utersum gehörende Dorf Hedehusum mit 81 Einwohnern). Der Ausschnitt aus der 1880 herausgegebenen Karte der Preußischen Landesaufnahme von 1878 enthält das kartographische Symbol für eine Bockmühle. Sie stand südwestlich von Utersum, das damals rund 170 Einwohner zählte. Nach Wolfgang Schefflers 'Mühlenkultur in Schleswig-Holstein' erhielt die Mühle Anfang der 1860er Jahre einen Hausbaum aus Teakholz von 2 Fuß Dicke im Quadrat, den der Bruder des Müllers als Kapitän aus Rangun (Hauptstadt und wichtigster Hafen von Birma) mitgebracht hatte. 1894 brannte die Mühle durch Warmlaufen ab.

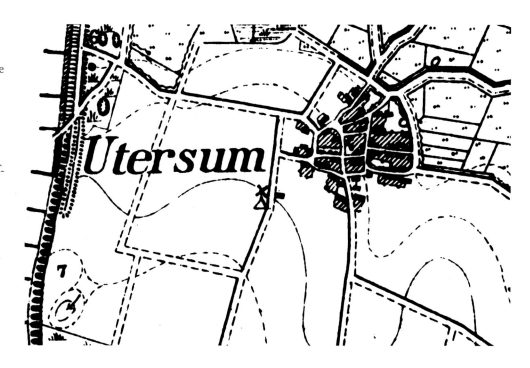

5   Wrixum

Das Foto, abgebildet auf einer Ansichtskarte, ist charakteristisch für die 'Verrückten zwanziger Jahre'. Etwa zwanzigmal ließen sich die 'Todesfahrer' Arnold Mielke und Emmi Heller von den Flügeln der Wrixumer Mühle durch die Luft wirbeln. Wie man sieht, waren die Menschen in Scharen herbeigeströmt. Die achteckige Mühle vom Typ Kellerholländer (Bd. 2, Abb. 2) war 1851 als Ersatz für die abgebrannte Bockmühle erbaut worden. Bis 1960 drehten sich die Mühlsteine. Nach dem Tod des Müllers Arfst Bohn im Jahre 1962, verkaufte seine Witwe Christina die Mühle an den Wyker Kaufmann Wilhelm Amerongen.

Im untersten Geschoß der restaurierten Mühle befindet sich seit 1973 ein Abendrestaurant. Auf dem Steinboden findet der Besucher seit 1984 Souvenirs und Handarbeiten.

6   Wyk, Friesenmuseum

Diese Halligmühle steht im Obstgarten des Dr.-Carl-Haeberlin-Friesenmuseums in Wyk auf Föhr. Sie war 1915 auf Langeneß erbaut worden und wurde 1954 von dort nach Wyk umgesetzt. Die Windmühlen auf den Halligen waren ausnahmslos Bockmühlen. Auf folgenden Halligen konnten Windmühlen nachgewiesen werden: Gröde (Bd. 2, Abb. 6), Hooge (Bd. 2, Abb. 7; Bd. 5, Abb. 8 und 9), Langeneß (Bd. 1, Abb. 5; Bd. 6, Abb. 10 und 11; Bd. 8, Abb. 12 und 13), Oland (in der Karte von du Plath von 1805 verzeichnet) und Süderoog (Bd. 3, Abb. 7). Detailangaben zum Äußeren der Halligmühle in Wyk enthält der Text zu Abbildung 7; über das Mühleninnere können Angaben nicht gemacht werden, da die Mühle der Öffentlichkeit nicht zugänglich ist.

7 Wyk, Friesenmuseum

Die Abbildung zeigt eine Aufmaßzeichnung von der Bockmühle am Rebbelstieg in Wyk. Der Grundriß der Mühle hat eine Fläche von 1,50 x 1,50 m Außenmaß. Bis zum First ist die Mühle 3,60 m hoch. Ihre Flügel sind 2,30 m lang und 0,55 m breit; sie sind mit Hilfe von Knaggen und Laschen am Wellkopf befestigt. Die Mühle ruht auf einem 40 cm dicken runden 'Hausbaum', der in den Erdboden eingelassen ist. Den Hausbaum in den Erdboden einzulassen, ist eine Bauweise, die auf den der Überflutung ausgesetzten Halligen nicht unüblich war, und die noch heute auf Gotland und Åland häufiger anzutreffen ist. Üblicherweise wird der Hausbaum durch Streben abgestützt, die auf einem Schwellenkreuz ruhen, das auf Fundamentsockeln aufgelagert ist.

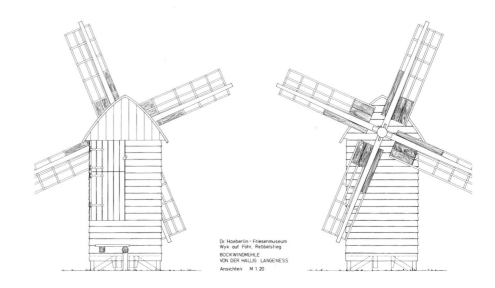

Dr. Haeberlin - Friesenmuseum
Wyk auf Föhr, Rebbelstieg
BOCKWINDMÜHLE
VON DER HALLIG LANGENESS
Ansichten   M 1:20

8   Langenhorn-Ost

Um 1850 befanden sich nach Aufzeichnungen des Landvogts Levsen in Langenhorn je eine Windmühle in West-Langenhorn, Ost-Langenhorn, Loheide, und Mönkebüll sowie eine Wassermühle auf der Langenhorner Heide. Die Mühle in Ost-Langenhorn wurde wegen ihrer Lage 'Mittelste Mühle' genannt. Sie war eine Bockmühle und stand auf einem kleinen Hügel. Die Erde dafür entnahm man einer Grube, in der sich Wasser zu einem kleinen Teich sammelte. Müllerhaus, Bockmühle, Hügel und Teich sind in der abgebildeten Karte der Preußischen Landesaufnahme von 1878 verzeichnet. Die Mittelste Mühle war eine Grützmühle, in der nur Grütze – aus Gerste und Buchweizen – hergestellt werden durfte. Die Straßennamen 'Middelsmöhl' und 'Möhlenbarg' erinnern an die Mittelste Mühle.

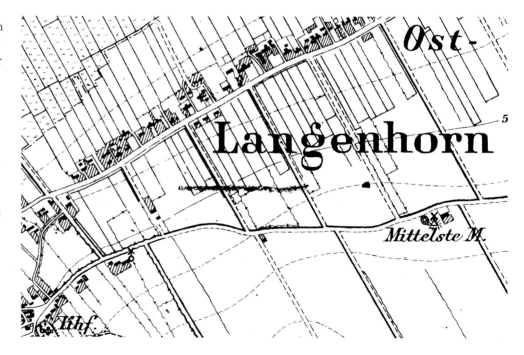

9 Uphusum

Uphusum, früher Uphusen (1483), auch Ob- und Ophusum, gehört zur Gemeinde Bordelum. Auf Uphusumfeld stand früher eine Bockmühle. Es war eine Erbpachtmühle, wohin Ebüll und Uphusum zwangspflichtig waren. Die Einkünfte aus dem Erbpachtzins bezog der Stiftsvogt. Als Müller werden genannt: 1788 Jens Christiansen, 1800 Ketel Thomsen. Zuletzt waren auf dieser Mühle Adolf Christian August Hinz und H. Bossen. Um 1880 kaufte der Sterdebüller Müller die Bockmühle in Uphusum und ließ sie anschließend abbrechen. Der Ausschnitt aus der 1880 herausgegebenen Karte zeigt die Lage der Uphusumer Bock-mühle und der Sterdebüller Holländermühle.

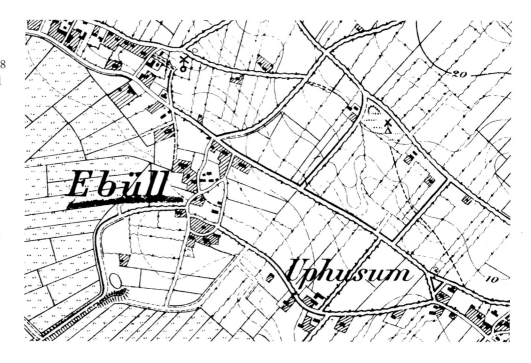

10   Langeneß

Die Hallig Langeneß besteht aus den früheren Gemeinden Langeneß und Nordmarsch. 1941 wurden Langeneß und Nordmarsch sowie die Gemeinde Oland (Hallig Oland) zur Gemeinde Langeneß zusammengeschlossen. Die abgebildete Postkarte von etwa 1930 zeigt die im Südwesten der Hallig gelegene Warf Hilligenley. Rechts im Bild ist vor dem Heudiemen eine Bockmühle zu erkennen. Mit ihr mahlte man das Korn für den Eigenbedarf der Warfbewohner. Bis wann die Mühle bestanden hat, konnte bisher nicht ermittelt werden. 1885 lebten auf der Hallig Langeneß 224 Personen, rund hundert Jahre später, bei der Volkszählung 1987 waren es nur noch 119 Personen.

Hallig Langeness. Hilligenlei.

11 Langeneß, Norderhörn

Die von der Wassergewalt geprägte Halligwelt hat immer wieder Dichter, Maler und Zeichner gelockt. Küste und Halligen bieten im überreichen Maße Motive. Die abgebildete Zeichnung aus dem Jahre 1946 fertigte der Architekt und Maler Hans Philipp. Dargestellt ist ein Hof auf der Warf Norderhörn im Nordwesten der Hallig Langeneß. Den Halligbewohnern, die in früheren Zeiten nicht selten über Wochen vom Festland abgeschnitten waren, wurde ein hohes Maß an Einfallsreichtum abverlangt. Das äußert sich auch in den variantenreichen Halligmühlen. Die Zeichnung wurde mit freundlicher Genehmigung der Westholsteinischen Verlagsanstalt Boyens & Co, Heide, dem Buch 'Nordfriesland, Landschaft und Bauten von der Eider bis zur Wiedau' von Alfred Kamphausen, entnommen.

12 Husum

In der abgebildeten Karte ist die Osterhusumer Wassermühle eingezeichnet. Zu ihr gehörten: 1. die Südermühle auf dem Mühlendamm, zwischen Wassermühle und Graupenmühle in Rödemisfeld; 2. die Ostermühle an der Schleswiger Chaussee/Ecke Mühlenweg und 3. die Nordermühle am Ochsenkamp. Auf der Karte ist die Südermühle nicht eingezeichnet, stattdessen ist die Graupenmühle als 1. königliche Windmühle bezeichnet. Die Wassermühle und die Oster-, Süder- und Nordermühle wurden jeweils zusammen in Erbpacht gegeben. Alle drei Windmühlen waren Bock-

mühlen. Die Südermühle, später als Margarethenmühle bezeichnet, wurde 1831 durch eine Holländermühle ersetzt, die bis 1919 bestanden hat. Die Oster- und die Nordermühle werden schon

bald nach Aufhebung des Mühlenzwangs eingegangen sein.

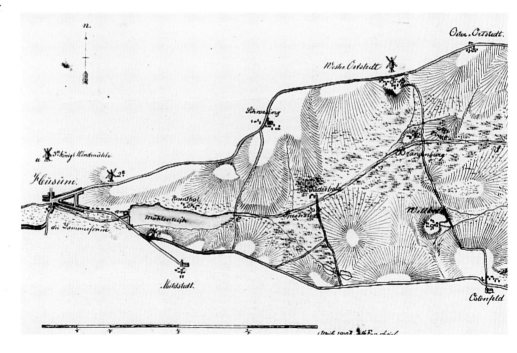

13   Husum, Osterhusumer Wassermühle

Die 1909 versandte Ansichtskarte zeigt die Osterhusumer Wassermühle von Südwesten gesehen. Wann hier zuerst eine Wassermühle angelegt wurde läßt sich nicht datieren. 1587 erhielt die Mühle das Feldsteinmauerwerk, auf dem sie noch heute ruht. Als 1867 der Mühlenteich abgelassen wurde, installierte man eine Dampfmaschine. Der Betrieb war jedoch zu teuer. 1873 ging der Besitzer in Konkurs. Noch im gleichen Jahr ließ der neue Besitzer J. Jercho die Preetzer Klostermühle (Bd. 7, Abb. 118) auf das Dach der Wassermühle setzen. Nach weiteren Besitzerwechseln erwarb Adolf Henningsen 1885 das Anwesen. Die Windmühle wurde 1925 nach Nordstrand-Süden verkauft (Bd. 3, Abb. 6). Osterhusum wurde 1938 nach Husum eingemeindet.

Verlag von C. F. Delff, Buchhandl., Husum.

Osterhusum.

14 Husum, Ostermühle

Ein Sturm, der im November 1801 über das Land fegte, riß die Ostermühle zu Boden. Da der Verlust dieser Mühle für die Einwohner der Stadt und des Amtes Husum erhebliche Nachteile mit sich brachte und die Mühle nach fast anderthalb Jahren immer noch in Ruinen lag, bat der Pächter der Osterhusumer Mühlen, H. Müller, am 21. März 1803 die höchstpreisliche Rentekammer untertänigst, sie möge dem hiesigen Hausvogt Stemann die Order beilegen, daß die Wiederaufbauung der Osterwindmühle auf das Schleunigste bewerkstelligt werden möge. Nach einer am 5. Mai 1803 gehaltenen öffentlichen Verdingung erhielt der Zimmermeister Lorentz Lorentzen aus Husum den Auftrag zum Wiederaufbau der Ostermühle nach dem abgebildeten Riß. (Quelle: LAS Abt. 66, Nr. 3083.2.)

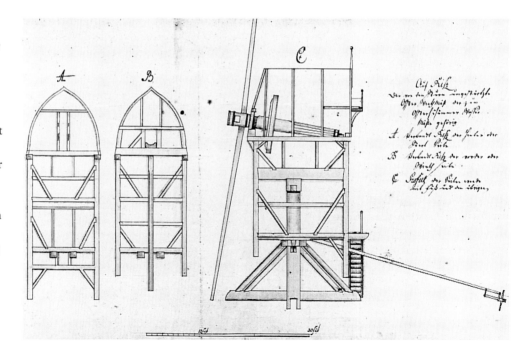

15 Husum, Nordermühle

Der Erbpachtmüller der herrschaftlichen Osterhusumer Mühlen hatte für die Wassermühle und die zugehörigen Windmühlen jeweils Mahlbücher zu führen. Das Mahlbuch Nr. 1 der Nordermühle enthält Eintragungen vom 22. Juli 1834 bis 30. April 1835. Zur Nordermühle kamen Zwangsgäste aus Hockensbüll, Lund, Husum und Nordhusum. An den letzten vier Tagen des Monats Juli 1834 wurden in der Nordermühle insgesamt 10 Tonnen Roggen und 6 Tonnen Malz vermahlen sowie 1 Tonne und 5 Schipp 'Beestkorn' von freien Mahlgästen. Bei der Nordermühle stand ein Mühlenhaus, in dem auch eine Gesellenkammer eingerichtet war. Außerdem lagen bei der Mühle 2 Scheffel Geestland. Das Mühlenhaus ist im Ersten Weltkrieg abgebrochen worden, lange nach der Bockmühle. (LAS Abt. 66, Nr. 929.4.)

16 Husum, Margarethenmühle

Das sind die Mühlen, denen der Husumer Stadtteil Dreimühlen seinen Namen verdankt: die Wassermühle mit der darauf gesetzten Windmühle, die Margarethenmühle (Südermühle) und am linken Bildrand die Graupenmühle auf Rödemisfeld (Bd. 6, Abb. 15). Die Margarethenmühle war ursprünglich eine Bockmühle, die, baufällig geworden, durch eine Holländermühle ersetzt wurde. Aufgrund eines niedrigsten Gebots erhielt der Zimmermeister Jaacks aus Flensburg den Auftrag, die Bockmühle herunterzunehmen und eine neue Holländermühle zu bauen. Der Auftrag wurde durch königliche Resolution vom 8. April 1831 genehmigt. Die Auftragssumme betrug 3 322 Reichsbanktaler 64 Schilling. Hand- und Spanndienste waren von den Zwangspflichtigen unentgeltlich zu leisten.

17 Husum, Margarethenmühle

Auf einer Ansichtskarte nach einem Gemälde von Richard v. Hagn sind die Margarethenmühle und – im Hintergrund – die Mühle an der Schleswiger Chaussee (Abb. 19) abgebildet. Aus einem 1843 von dem Mühlenbaumeister Balthasar Maß aus Krattredder verfertigten 'Inventarium der herrschaftlichen Osterhusumer Wassermühle cum pertinentiis, aufgenommen bei Ablieferung derselben an den Pächter P.W. Paap', wissen wir Einzelheiten über Beschaffenheit und Einrichtung der Osterhusumer Mühlen. Die Margarethenmühle hatte

Achtkant-Stender aus Föhrenholz je 31 Fuß lang und 12/12 Zoll stark; unteres und oberes Tablement (niederdeutsch: Tafelment) sowie Schmierring und Kroyring waren aus Eichenholz, die

Königswelle und die Mühlenruten aus Föhrenholz. (LAS Abt. 66, Nr. 3550 II.)

18 Husum, Borkmühle

Bereits in einem Plan der Stadt Husum, als Kupferstich erschienen im 7. Band des 'Danske Atlas', Kopenhagen 1781, ist im Osten von Husum eine Borkmühle eingezeichnet. Im Jahre 1847 bauen das Schuhmacheramt und der Lohgerber Hans Detlef Scheel eine neue Bork- und Graupenmühle als Ersatz für die am 22. Juni 1845 abgebrannte Borkmühle. Im Haussteuerregister der Stadt Husum 1843-1853 ist als Standort der Mühle das 3. Quartier, Nr. 79 1/2 angegeben, das ist das jetzige Grundstück Schleswiger Chaussee 13, im Adreßbuch von 1900: Schleswiger Chaussee 3. Nach dem Vermessungsregister von 1846/47 ist die achteckige Windmühle ein Kellerholländer mit quadratischem 'Keller'. 1881 brennt die Mühle ab. Anstatt ihrer entsteht ein Galerieholländer (Abb. 19).

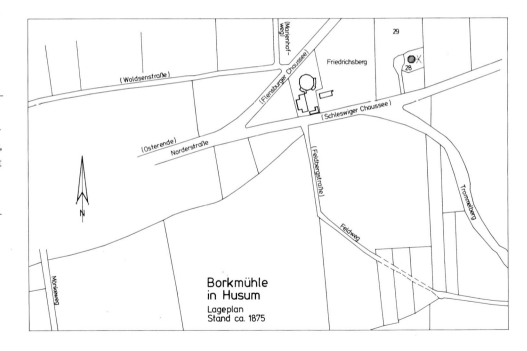

Borkmühle
in Husum
Lageplan
Stand ca. 1875

19 Husum, Schleswiger Chaussee

Diese 1899 versandte Ansichtskarte zeigt einen Blick vom Trommelberg auf die Mühle an der Schleswiger Chaussee 13. Das zugehörige Wohnhaus, Schleswiger Chaussee 11, erhöhte der Mühlenbesitzer Henning Gustav Thomsen 1898 um ein Stockwerk. Es erhielt damit seine heute noch erhaltene Architektur. 1905 erhielt H.G. Thomsen, Husumer Mühle, Getreide-, Mehl- und Schrothandlung, die Erlaubnis zum Bau einer Mühle mit Sauggasbetrieb an sein Gebäude an der Flensburger Chaussee 17. Die Windmühle brannte wenige Jahre später ab. An der Stelle wurde 1908 das heute noch vorhandene Wohngebäude eines Steinmetzbetriebes errichtet. Die Motormühle an der Flensburger Chaussee kam in den Besitz von Johannes Oldenburg und war bis nach dem Zweiten Weltkrieg in Betrieb.

Osterhusum bei Husum, d. 17. II. 9[..]

Liebe Adele! Herzliche Glückwünsche zu deinem Geburtstage, mit vielen Grüßen für dich und deine Geschwister.

deine Thora

20   Rantrum

Bis zur Aufhebung des Mühlenzwangs waren die Bauern
von Rantrum der Osterhusumer Wassermühle zwangs-
pflichtig. Um 1870 versetzte
man die Windmühle von
Herrenhallig (jetzt Gemeinde
Koldenbüttel) nach Rantrum,
nördlich des Dorfes, östlich
der Chaussee von Mildstedt
nach Rantrum. Die Mühle
war recht klein. Sie erhielt
wohl deshalb im Volksmund
den Spitznamen 'Kaffee-
mühle'. 1891 brannte die im
Besitz von Peter Jacobsen befindliche Mühle ab. Er baute
die Mühle wieder auf und
verkaufte sie an Emil Jacobsen. Dessen Nachfolger Sax
Saxen aus Hockensbüll brach
die Windmühle kurz vor dem
Ersten Weltkrieg ab und richtete neben der Meierei eine
Dampfmühle, später Motor-
mühle, ein, die bis 1934 in
Betrieb war.

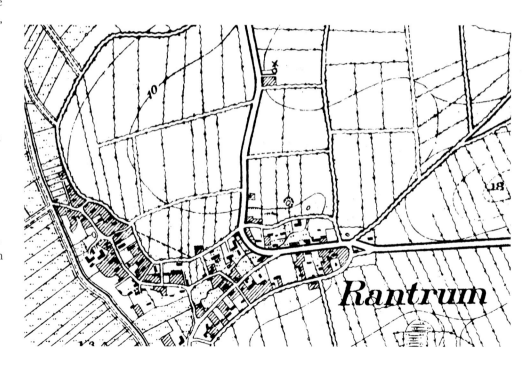

21 Ramstedt

Bereits im bischöflichen Zinsbuch von 1509 ist bei Schwabstedt eine Windmühle verzeichnet. Sie war als Bockmühle nordwestlich von Schwabstedt auf der hohen Ramstedter Geest errichtet worden. Später wird sie durch eine neue Bockmühle ersetzt worden sein. Bockmühlen hatten in der Regel eine Lebensdauer von 150 Jahren; dann wurden sie erneuert oder durch Holländermühlen ersetzt. Die Ramstedter Bockmühle wurde nach 1800 abgebrochen und stattdessen eine Holländermühle südlich der Schwabstedter Mühle (Bd. 4, Abb. 13) errichtet. Beide Mühlen brannten in der Nacht zum 27. Juni 1833 ab, beide wurden wieder aufgebaut. Das Foto zeigt die Ramstedter Mühle im Jahre 1870. Sie wurde kurz nach 1870 abgebrochen und nach Hude (Bd. 4, Abb. 12) versetzt.

22 Seeth

'Mühlenhof' steht an dem giebelständigen langgestreckten Wohn- und Wirtschaftsgebäude, das südwestlich von Seeth etwa 80 m östlich der Straße nach Drage errichtet wurde. Der Name des Gebäudes erinnert an die hier einst vorhandene Holländermühle, die in der Karte von 1880 verzeichnet ist. Die Windmühle, zu der ein landwirtschaftliches Anwesen gehörte, ist 1905 abgebrannt. Erhalten ist in diesem rund 700 Einwohner zählenden Stapelholmer Dorf, das 1970 vom Kreis Schleswig in den Kreis Nordfriesland eingegliedert wurde, aber noch viel alte Bausubstanz. Dank einer Reihe von Förderprogrammen, wie Dorferneuerung, Städtebauförderung, Stapelholmprogramm und anderen, gelang es, hier ein architektonisches Dorfensemble aus unterschiedlichen Baustilen zu erhalten.

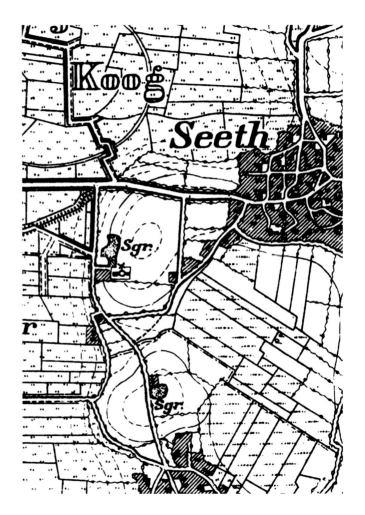

23 Kleihörn

Kleihörn besteht aus einer auf einem alten Deich angelegten Häusergruppe im Südosten des Osterkoogs in der Gemeinde Kotzenbüll. Der Müller Thomas Thomsen aus Warmhörn hat in seiner Karte von Eiderstedt von 1856 in Kleihörn eine Holländermühle eingezeichnet. Die Mühle ist bereits in der Karte von H. du Plath von 1804/05 eingezeichnet. Die Abbildung zeigt einen Ausschnitt aus der Karte von du Plath. Da die Mühle bei der Preußischen Landesaufnahme von 1878 nicht mehr erscheint, ist anzunehmen, daß die Mühle zwischen 1856 und 1878 verschwunden ist.

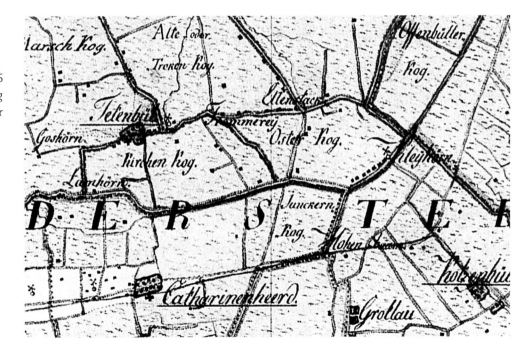

24 Alt Augustenkoog

Das flache, teilweise unter dem Meeresspiegel liegende Niveau der Eiderstedter Marschen, und die Außendeiche machen es dem Regenwasser aus dem Binnenland unmöglich, auf natürlichem Wege abzufließen. Das Wasser muß daher mit Hilfe von Schöpfwerken abgeleitet werden. Im Jahre 1767 erteilten die Holm- und Heverkoogsinteressenten dem Mühlenbauer Hans Laß aus Meggerkoog den Auftrag, auf Nickelswarf eine Achtkant-Entwässerungsmühle zu bauen. Im Herbst 1771 wurde die immer noch erst halbfertige Mühle an die Gebrüder Cornils und Peter Davids aus Uelvesbüll bzw. Garding verkauft, da den Interessenten das Geld ausgegangen war. Die Abbildung zeigt das Alte Siel auf Nickelswarf mit der Windmühle im Hintergrund um etwa 1800.

25   Neu-Augustenkoog

Die Interessenten des Neu-Augustenkooges beabsichtigten, in der neu angelegten Entwässerungsmühle einen Mehl- und Pellstein anzulegen. Hiergegen reichten die Müller W. Boysen aus Osterhever und Jacob Lühr aus Westerhever ein Gesuch auf Unterlassung ein. Mit Rücksicht auf den Oktroi (Bewilligung von Privilegien) vom 15. Juli 1695 wurde dieser Einspruch abgelehnt. Das in dem Kartenausschnitt von 1878 erkennbare Grabensystem ist noch heute vorhanden. Bis wann die westlich vom Westerhof erbaute Korn- und Entwässerungsmühle bestanden hat, ist nicht bekannt.

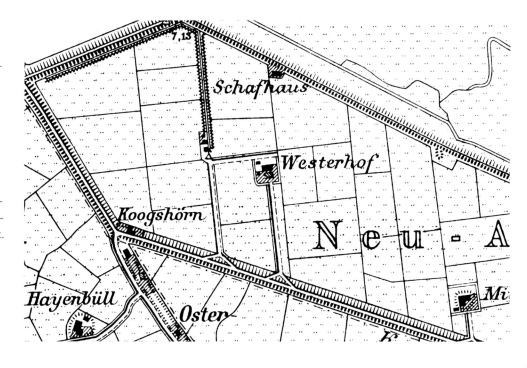

26 Böddinghusen

Eine besondere Mühlendichte hatte Dithmarschen zu verzeichnen. Selbst in so kleinen Orten wie Böddinghusen gab es eine Windmühle. Nach der 1855 erschienenen Topographie der Herzogtümer Holstein und Lauenburg von Johannes v. Schröder und Herm. Biernatzki bestand das Dorf aus zwei Höfen, der Windmühle sowie acht Stellen, davon zwei Stellen mit Land. Bei der Volkszählung im Jahre 1970 gab es dort 18 Einwohner. Böddinghusen ist eine Streusiedlung in der Gemeinde Neuenkirchen, Amt Kirchspielslandgemeinde Weddingstedt. Der Kartenaus-schnitt von 1800 enthält das kartographische Symbol für die Windmühle, am Wege von Neuenkirchen nach Strübbel. Jetzt stehen dort ausgedehnte Gebäude eines neuzeitlichen Bauernhofes. Die Windmühle wurde 1885 nach Karolinen-koog (Bd. 3, Abb. 22) umge-setzt.

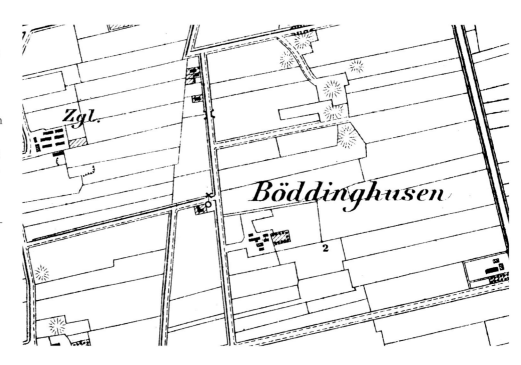

27 Heuwisch

Auch das sich langgestreckt in Nord-Süd-Richtung hinziehende Dorf Heuwisch liegt in der Gemeinde Neuenkirchen. Der Ortsname Heuwisch weist auf die früher auf dem schweren Marschboden vorherrschende Grünlandwirtschaft hin. Bereits vor 1854 war hier eine Bockmühle vorhanden. Sie stand südlich der Straße von Wesselburen nach Neuenkirchen am Wege nach Haferwisch und wurde 1877 durch eine Holländermühle ersetzt. Im Adreßbuch für das Mühlengewerbe von 1913 ist als Müller Heinrich Andersen angegeben. Bei einem Unwetter zu Weihnachten 1916 wurde die Windmühle so stark beschädigt, daß man sie im nächsten Jahr abbrach. Der nach ihr benannte 'Möhlenweg' erinnert an die Mühle.

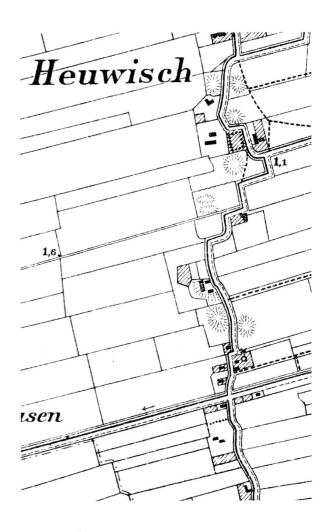

28 Süderdeich

Vereinzelt kam es vor, daß größere Höfe ihre eigene Windmühle hatten, die zum Schrotmahlen und zum Antrieb landwirtschaftlicher Maschinen eingesetzt wurde. Die abgebildete, am 1. Mai 1899 versandte Ansichtskarte zeigt im unteren Bild den Hof Kröger in Süderdeich, an der durch den Ort führenden 'Hauptstraße' von Wesselburen nach Büsum. Die Windmühle überragte das im Vordergrund stehende, reetgedeckte landwirtschaftliche Gebäude. Bereits vor dem Ersten Weltkrieg ist die Windmühle abgebrannt. Die alten landwirtschaftlichen Gebäude an der Nordseite des Hofgeländes, wo auch die Wind-mühle stand, wurden durch Neubauten südlich des stattlichen, heute noch vorhandenen Wohnhauses ersetzt.

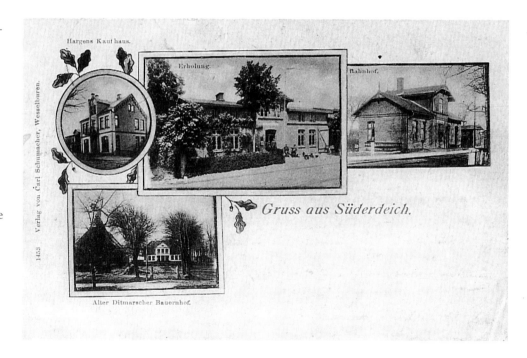

Hargens Kaufhaus.

Erholung.

Bahnhof.

Verlag von Carl Schumacher, Wesselburen.

1453

Gruss aus Süderdeich.

Alter Ditmarscher Bauernhof.

29 Hennstedt/Dithm.

Um 1876 gründete Peter Hinrich Suhr, der 1854 als Sohn des Mühlenbauers Hans Suhr, Krumstedt, geboren worden war, in Hennstedt ein eigenes Mühlenbaugeschäft. P.H. Suhr baute 1878 eine Mühle in Hemme, 1881 Fedderingen, 1884 Oesterborstel, 1891/92 Welmbüttel und 1907 Jarrenwisch; außerdem errichtete er außerhalb von Dithmarschen zahlreiche Mühlenneubauten. Das Foto zeigt den Mühlenbaubetrieb mit der Sägemühle. Nach Suhrs Tod im Jahre 1912 übernahm J.P. Sierks den Betrieb. Er fiel 1916 an der Somme. 1921 wurde die Mühle nach St. Michaelisdonn umgesetzt. (Foto: Sammlung Petersen; dem Artikel 'Mühlenbauer in Dithmarschen' von Hans Peter-Petersen in 'Dithmarschen', Heft 4, Dezember 1995, mit freundlicher Genehmigung des Verfassers und des Verlages Boyens & Co, Heide, entnommen.)

30   Schelrade

Dieser im Maßstab vergrößerte Ausschnitt aus der Karte von 1880 zeigt das kartographische Symbol der Wassermühle an der Süderau, die von Westen kommend, einen zu der Zeit vorhandenen kleinen See durchfloß und in die Eider mündet. Weiter nördlich ist in der Karte eine Windmühle verzeichnet. Die Wassermühle, auf dem heutigen Grundstück Mühlenstraße 5, wird in der 1855 erschienenen Topographie von Schröder/Biernatzki erwähnt. Sie ist 1929 abgebrannt. Die Windmühle, eine Bockmühle, wurde 1857 in Dellstedt abgebrochen und nahe der Wassermühle in Schelrade wieder aufgestellt. Bis wann die Windmühle bestanden hat, konnte nicht ermittelt werden.

31 Dellbrück

Dellbrück, im Jahre 1987 zur Volkszählung 82 Einwohner zählend, ist ein Ortsteil der Gemeinde Bargenstedt. Der Name Dellbrück, früher Delfsbrücke, wird abgeleitet von 'Brücke über einen Delf' (Wasserlauf). Früher gab es nördlich von Dellbrück an der Dellbrückau eine Wassermühle, die 1808 abbrannte. Eine danach erbaute Bockmühle wurde 1888 abgebrochen. Die Besitzer der benachbarten Mühlen bezahlten die Abbruchkosten, um auf diese Weise einen Konkurrenten loszuwerden. Man sieht daran, welch harter Konkurrenzkampf damals tobte. Der abgebildete Lageplan zeigt den Stand von etwa 1875.

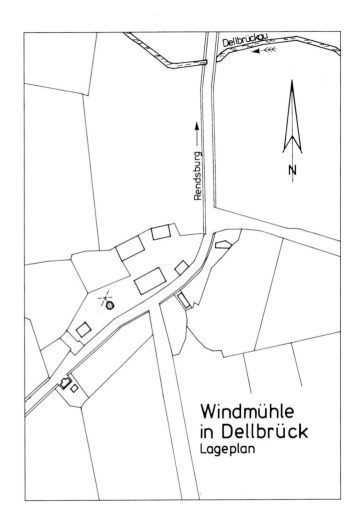

Windmühle
in Dellbrück
Lageplan

32 Nindorf

Nindorf, unmittelbar an den östlichen Stadtrand von Meldorf angrenzend, ist ein sehr alter und geschichtsträchtiger Mühlenstandort. Es war die Windmühle von Nyndorpe, die Heinrich Rantzau in der 'Letzten Fehde' (1559) anzünden ließ, um dem über Ammerswurth vordringenden Heere ein Zeichen zum Angriff zu geben. Die Abbildung zeigt einen Grundriß, gezeichnet nach einer Zeichnung des Mühlenbauers J.H. Suhr, Meldorf, vom Mai 1894, zum Neubau einer Mühle für Ferdinand Diener in Nindorf. Dessen Mühle war im Februar des gleichen Jahres abgebrannt. Die neue Mühle wurde auf dem Mau-

erwerk der Vorgängermühle errichtet. Ebenso wurden die im Mühlenberg befindlichen, überwölbten Ausbauten wieder hergestellt.

Grundriss

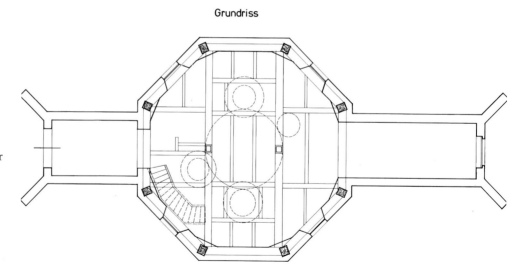

33 Nindorf

Auf diesem Foto ist der künstlich aufgeschüttete Mühlenberg zu erkennen, der die Mühle umgab. Man sieht ferner, eben oberhalb des Mühlenbergs, das portalartig ausgebildete Mauerwerk über dem Tor zu dem überwölbten Ausbau, der durch den Mühlenberg in die Mühle führte (im Bild 32 links von der Mühle). 1909 erhielt der damalige Mühlenbesitzer Johann Behrens die Baugenehmigung für den Bau eines Motorschuppens zum Einrichten einer Benzinmotoranlage für seine Kornwindmühle. Das Vorgelege auf dem Mühlenberg lag frei. Der Antriebriemen durchschnitt dort das Mauerwerk der Mühle.

1918 wurde die Mühle nach Averfleth im Kreis Steinburg umgesetzt.

34 Schafstedt

Schafstedt, ein ansehnliches Dorf mit über 1 000 Einwohnern, liegt sozusagen im 'Dreiländereck'. Hier am Nord-Ostsee-Kanal stoßen die Kreise Dithmarschen, Rendsburg-Eckernförde und Steinburg aneinander. Nordwestlich von Schafstedt befindet sich beim Ortsteil Nordholz ein alter Mühlenstandort. Der abgebildete Lageplan aus der Zeit um 1875 zeigt die Wassermühle am Mühlenbach und westlich davon auf ansteigendem Gelände die Windmühle. 1933 wurde der Mühlenteich abgelassen und die Wassermühle abgebrochen. Die Windmühle wird

schon in der Topographie von Oldekop aus dem Jahre 1909 nicht mehr erwähnt. Das Mühlenanwesen war über mehrere Generationen im Besitz der Familie Arp. Im Adreßbuch für das Mühlengewerbe von 1913 ist Heinrich Arp als Mühlenbesitzer angegeben.

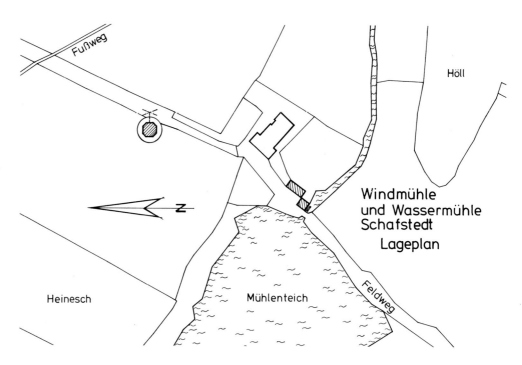

Windmühle und Wassermühle Schafstedt Lageplan

35 Barlt

Zu den wenigen heute noch mit Windkraft mahlenden Mühlen in Schleswig-Holstein zählt die Holländermühle 'Ursula' des Müllers Rudolf Lindemann in Barlt (Bd. 2, Abb. 28-31). Das Foto zeigt ihre Vorgängerin, eine Bockmühle, deren wuchtige, segeltuchbespannten Flügel fast bis auf den Erdboden reichten. Die Barlter Bockmühle zählte zu den letzten Exemplaren dieses Mühlentyps in Dithmarschen. 1870 gab es in Dithmarschen nur noch rund ein Dutzend Vertreter dieser bereits zu der Zeit in Schleswig-Holstein aussterbenden Mühlengattung. Die Barlter Bockmühle wurde 1875 durch die heute noch betriebene Holländermühle ersetzt, die allerdings im Verlauf ihrer Lebenszeit mancherlei Um- und Anbauten erfuhr. Seit 1909 ist das Mühlenanwesen im Besitz der Familie Lindemann.

36 Dingen

Als zerstreut liegendes Dorf mit neun Höfen und Stellen nebst einer Windmühle wird Dingen in der Topographie von Schröder/Biernatzki aus dem Jahre 1855 beschrieben. Bei der Volkszählung 1987 hatte das im Amtsbezirk Eddelak-St. Michaelisdonn liegende Dorf 35 Einwohner. Die Windmühle fiel an den Weihnachtstagen 1916 heftigen Unwettern zum Opfer. Besitzer der Mühle war Heinrich Egge. Die Mühle stand westlich der Straße Eddelak-St. Michaelisdonn an der Straße nach Ramhusen, dort, wo gegenüber eine Straße nach Rösthusen abzweigt. Jetzt steht auf dem ehemaligen Mühlenplatz ein Transformatorenhaus. Der abgebildete Lageplan zeigt den Stand von etwa 1875.

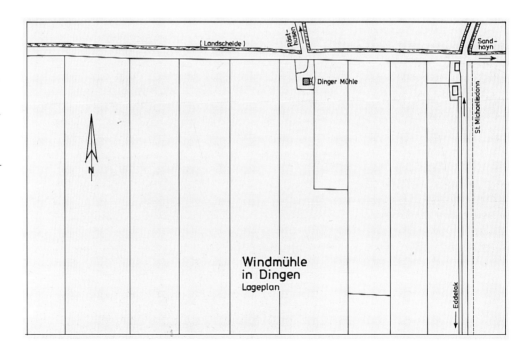

Windmühle
in Dingen
Lageplan

37 Fahrstedt

In Fahrstedt, heute Gemeinde Diekhusen-Fahrstedt, gab es außer der Windmühle des Müllers Harms (Bd. 2, Abb. 32) eine weitere Windmühle. Sie stand unmittelbar an der südlichen Grenze von Marne und war von einem mächtigen Erdwall umgeben. Zur Mühle gehörte ein stattliches reetgedecktes Wohnhaus mit Stallteil. Im Jahre 1910 brannte die im Besitz des Müllers Claus Hues befindliche Windmühle nieder. Noch im gleichen Jahr ließ Claus Hues einen Speicher errichten. in dem er eine Mühle einrichtete, die von einem 25-PS-Sauggasmotor getrieben wurde. 1914 erweiterte Hermann Hues, der inzwischen die Mühle übernommen hatte, das Anwesen um ein Stallgebäude. Die später modernisierte Motormühle war bis zum 31. Dezember 1971 in Betrieb.

38 Westermenghusen

Der Müller Johann Hedde Warnsholdt kaufte im Oktober 1871 die 'Mittelste Mühle' in Meldorf (Bd. 7, Abb. 56), stieß sie aber bereits nach fünf Jahren wieder ab und baute sich 1877 in Westermenghusen an der Chaussee von Marne nach Brunsbüttel eine neue Windmühle. Sein Sohn und Nachfolger Alex Warnsholdt baute sich 1899 ein heute noch bestehendes Wohnhaus. Er richtete darin eine Mehlkammer ein. Außerdem erweiterte er 1900 die bereits mit Anbauten versehene Windmühle um einen weiteren Anbau. Die Abbildung zeigt die dafür gefertigte Bauzeichnung. Im Jahre 1909 stellte der damalige Besitzer Max Westphal in einem eigens dafür geschaffenen Anbau einen Sauggasmotor auf. 1923 brach man die Mühle ab und baute sie im Buchholzer Moor als Schöpfmühle wieder auf.

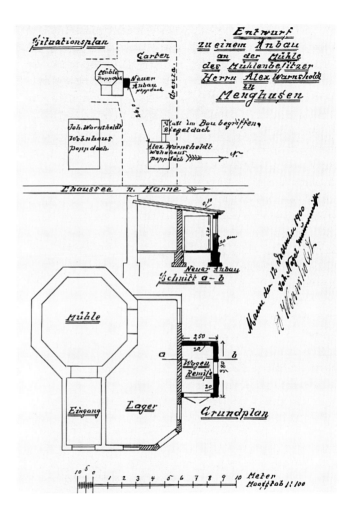

39 Schmedeswurtherwesterdeich

Schmedeswurtherwesterdeich, mit 72 Einwohnern im Jahre 1987, ist ein Ortsteil der Gemeinde Schmedeswurth. 1768 erteilte die Königliche Rentekammer dem 1746 geborenen Jürgen Kruse die Konzession zum Bau einer vierkantigen Windmühle gegen Entrichtung einer jährlichen Rekognition von 12 Reichstalern. Die Mühle wurde östlich des Weges von Neufeld nach Marne erbaut und erhielt einen Mahlgang und einen Graupengang. Am 4. April 1871 brannte die Mühle nebst sechs Häusern nieder. Der Neubau der Windmühle und des Müllerhauses erfolgte nicht am gleichen Platz, sondern westlich des Weges von Neufeld nach Marne. Es blieb westlich dieses Weges das einzige Anwesen. Der Lageplan zeigt den Stand von etwa 1875. Am 23. Februar 1893 sind Windmühle und Wohnhaus niedergebrannt.

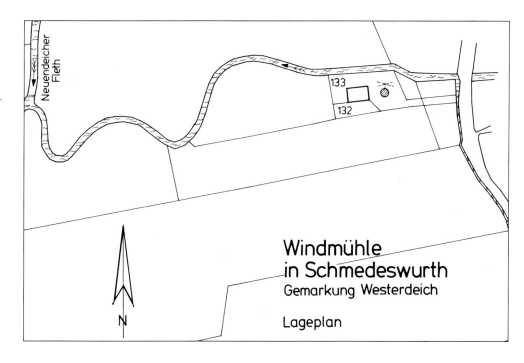

Neuendeicher Fleth

133
132

Windmühle
in Schmedeswurth
Gemarkung Westerdeich

Lageplan

N

40 Vaalermoor

Die Gemeinde Vaalermoor, im Nordwesten des Kreises Steinburg gelegen, entstand in den Jahren 1830-1840. Damals gründete die Regierung auf 1 200 Tonnen Land eine Kolonistensiedlung. Jeder Parzellist erhielt 30 Tonnen Moorland. Als Erwerb diente zunächst die Torfgewinnung, die im Laufe der Jahre einen enormen Aufschwung nahm. Gegen Ende des vergangenen Jahrhunderts ging der Torfabbau zurück und die Moorländereien wurden durch Bemergelung mehr und mehr in Ackerland oder Wiesen verwandelt. Allerdings mußten die Ländereien entwässert werden. Dazu bediente man sich windgetriebener Entwässerungsmühlen. Das Foto zeigt eine solche Entwässerungsmühle, die als 'Kokermühle' (Köchermühle) bezeichnet wird, weil sich die senkrechte Antriebswelle in einer Art Köcher befindet.

41 Vaalermoor

Zur Entwässerung der Ländereien im Vaalermoor verwendete man außer Kokermühlen auch einfache, transportable, windgetriebene Vorrichtungen, die man in niederdeutsch als 'Schrickmöhl' bezeichnete. Unter 'Schrick' versteht man ein Holzgestell in mannigfacher Anwendung, zum Beispiel ein Gestell aus zwei gekreuzten Latten, durch das man den Steert der Bockmühle oder Kokermühle feststellt, um ein selbsttätiges Drehen zu verhindern. Im internationalen Sprachgebrauch bezeichnet man die Schrickmöhl als 'Tjasker'. Durch den Bau des 1895 eingeweihten Nord-Ostsee-Kanals erhielt die Niederung eine bessere Entwässerung. In Schleswig-Holstein sind Tjasker nicht erhalten.

42 Wilstermarsch

Zur Entwässerung der zum Teil unter dem Meeresspiegel liegenden Wilstermarsch setzte man mit einer sogenannten archimedischen Schraube ausgestattete Kokermühlen und bei größeren zu entwässernden Flächen auch Holländermühlen ein. Ab etwa 1900 ersetzte man die herkömmlichen Windmühlen zunehmend durch Windräder mit eisernem Gittermast. Nicht selten verwendete man dabei das reetgedeckte Unterhaus einer Kokermühle. Das Foto zeigt ein Beispiel einer solchen Kombination.

Windmotor, 7,5 m Raddurchm., Eisenturm auf Holzunterhaus, zum Entwässern mit Wasserschnecke.

43   Wilstermarsch

Ganze Reihen von Windrädern säumten in den ersten Jahrzehnten dieses Jahrhunderts die als 'Wettern' bezeichneten künstlich geschaffenen Entwässerungsgräben in der Wilstermarsch. Mit Hilfe einer Schnecke förderten die Windräder das Wasser aus den Niederungen in die Wettern. Im Hintergrund erkennt man ein Windrad in Verbindung mit dem hölzernen Unterhaus einer Kokermühle (s.a. Abb. 42). Nachdem am 21. Dezember 1929 die Schleswig-Holsteinische Stromversorgungs-Aktiengesellschaft (heute Schleswag AG) gegründet worden war und nach und nach das Land mit elektrischem Strom versorgte, bewerkstelligten elektrisch betriebene Pumpen die Entwässerung. Die letzten der Entwässerung dienenden Mühlen und Windräder wurden nach dem Zweiten Weltkrieg abgebaut.

44   Wilster

Aus dem Jahre 1881 stammt dieses Foto. Es zeigt eine Spinnkopfmühle auf einem Haus an dem Platz 'Rosengarten' in Wilster. Dort wurde jahrelang eine Schmiede betrieben. Die Spinnkopfmühle enthält Konstruktionselemente sowohl der Holländermühle als auch der Kokermühle (s. Schnittzeichnung Bd. 5, Abb. 49). Auffallend bei der Spinnkopfmühle ist die zierlich schlanke Konstruktion, die zumeist von einer Galerie umgeben ist. Diese Kleinform unter den Windmühlen diente als Mahlmühle oder sonstige Mühle für den Bedarf eines einzigen Hofes oder Betriebes.

45   Itzehoe

Der Kartenausschnitt von 1880 zeigt die Symbole von drei Windmühlen in der damaligen Landgemeinde Sude (seit 1911 zu Itzehoe). Im Nordwesten befindet sich an der Lindenstraße 87 der Betrieb der 'Suder Mühle' von Jürgen Henning (Bd. 2, Abb. 41). Der Stumpf der 1870 erbauten Windmühle ist in den Betrieb integriert. Weiter südlich stand auf dem Mühlenberg an der Bismarckstraße die älteste Mühle von Sude. Nachdem der Müller D.W. Revenstorff sie von 1860 bis 1870 gepachtet hatte, ging sie an Harm-Hinrich Rusch über, der sie 1879 wegen Baufälligkeit abbrechen und zwischen Bismarck- und Linden-

straße neu erbauen ließ. Später wurde dort eine Maschinenbauanstalt errichtet. Die dritte Windmühle in Sude, eine kleine Sägemühle, stand östlich der Lindenstraße.

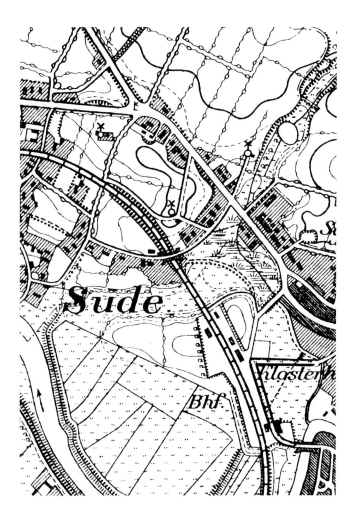

46   Horst in Holstein

Knapp einhundert Jahre nach der 1772 erbauten 'Horstmühle' (Bd. 3, Abb. 53) ließ 1871 der Müller Claus Bielefeldt, Besitzer der Mühle in Dückermühle (Abb. 47), in Horst – am nördlichen Ortsrand – eine zweite Windmühle, auch mit Dampfbetrieb, errichten. Im Jahre 1893 brannte die Mühle ab. Es wurde nur die Dampfmühle wieder aufgebaut (Foto von etwa 1931). 1895 kam die Mühle in den Besitz von Nikolaus Rodenbek, der 1901 ein Elektrizitätswerk anlegte. Mit Hinrich Schwarzkopf aus Winseldorf kam die Mühle 1902 in den Besitz der Familie Schwarzkopf. Heute ist die Firma 'Mühlenwerke H & A Schwarzkopf' ein mit neuzeitlicher Müllereitechnik ausgestatteter Mühlenbetrieb. (Foto aus: 'Horst in Holstein einst und jetzt' von Detlef Juhl, Horst 1931.)

47 Dückermühle

Am 28. August 1834 wurde die herrschaftliche Kornwindmühle zum Düker in der Herrschaft Sommerland, die nach dem Pachtkontrakt vom 19. März 1830 auf zwölf Jahre an Claus Klappmeyer in Sommerland verpachtet war, von einem Windstoß umgestürzt. Die Königl. Rentekammer verfügte sofort den Wiederaufbau, wozu ein Riß (s. Abbildung) und Kostenanschlag des Bauinspektors eingefordert wurden. Erst 1842 kam es durch den Erbpachtmüller Marx Detlefs, weiter nördlich des ursprünglichen Standorts, zum Wiederaufbau der Mühle. Am 21. Februar 1863 kaufte Claus Bielefeldt aus Dückermühle die in Not geratene Dückermühler Zwangsmühle mit allen Rechten von der königlichen Landesherrschaft. Er wandelte seine 1852 in Sommerland erbaute Lohmühle in eine Kornmühle um. Die Dückermühle ging ein. (LAS Abt. 66, Nr. 4532.)

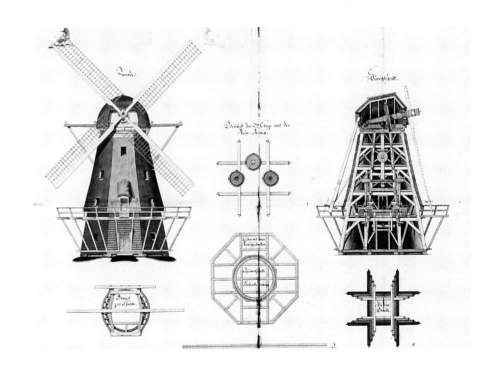

48 Uetersen

Windmühlen fanden nicht selten Verwendung als Lohmühlen zum Vermahlen von Eichenrinde zu Gerberlohe. Es kam auch vor, daß Windmühlen sowohl als Kornmühlen als auch zum Vermahlen von Eichenrinde eingerichtet waren. Der abgebildete Steindruck zeigt 'Schröder's Lohmühle' in Uetersen. Sie soll neben der damaligen Lederfabrik Egner an der Marktstraße gestanden haben. Mit dem Aufkommen synthetischer Gerbstoffe in der zweiten Hälfte des vergangenen Jahrhunderts gingen die Lohmühlen ein. Die Abbildung wurde mit freundlicher Genehmigung von Johannes Nienburg, Verfasser des Artikels 'Mühlen in Uetersen', dem 'Jahrbuch für den Kreis Pinneberg 1994' entnommen.

49   Pinneberg

Eine lange Geschichte, die sich allerdings nicht bis zu ihrem Ursprung zurückverfolgen läßt, hat die Pinneberger Wassermühle, die seit 1922 die Bezeichnung 'Bauernmühle' trägt, als die Ein- und Verkaufsgenossenschaft des Bauernvereins die historische Mühle übernahm. Die auf einem Wandteller des Porzellangeschäfts Lohse, Pinneberg, abgebildete Ansicht von etwa 1850 zeigt die frühere Erbpachtwassermühle noch mit zwei Wasserrädern. Die damals ebenfalls vorhandene Windmühle ist in der historischen Flurkarte verzeichnet. Sie stand an der Straße nach Appen, auf dem Gelände der jetzigen Heinrich-Hansel-mann-Schule, ungefähr dort, wo jetzt die Sporthalle steht.

50   Klein Rönnau

Als die an der Au errichtete Klein Rönnauer Wassermühle und die gegenüber gelegene Windmühle (Bd. 4, Abb. 66) zusammen neu verpachtet wurden, erhielt der Müller Heinrich Kistenmacher den Zuschlag. Der Vorpächter dieser Mühlen, Müller Neumann, ließ sich daraufhin südlich des Dorfes dort, wo die Straße 'Rahland' von der jetzigen B 432 abzweigt, eine eigene Windmühle bauen. Im Jahre 1890 kaufte Adolf Leopold Rüder aus Bad Segeberg die Mühle zum Abbruch und Wiederaufbau in Bad Segeberg, nachdem seine dortige Lohmühle abgebrannt war. Die Abbildung 68 in Band 6 zeigt die Mühle nach dem Wiederaufbau in Bad Segeberg. Dort ist sie 1922 abgebrannt. Auf dem ehemaligen Mühlengrundstück in Klein Rönnau befindet sich jetzt eine Autolackierwerkstatt.

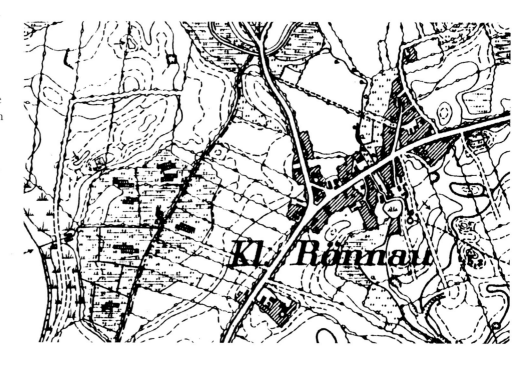

51 Todesfelde

Die Windmühle in Todesfelde wird in der Topographie von Schröder/Biernatzki von 1855 nicht erwähnt, ist aber in der Karte von 1880 eingezeichnet. Vermutlich ist sie nach der 1869 eingeführten Gewerbefreiheit erbaut worden. Noch vor 1916 ist die Mühle abgebrannt. Eigentümer war zu der Zeit der Müller und Landwirt Friedrich Kröger. Er baute 1917 an der Stelle ein Mühlengebäude für Motorantrieb. Von 1930 bis 1954 führten Bruhn und Stoltenberg die Mühle. Ihnen folgte Heinrich Hellmer, der den Mahlbetrieb bis in die achtziger Jahre aufrechthielt und sich danach auf den Handel mit Mühlenprodukten be-schränkte. Im Zusammenhang mit der Stillegung zahlreicher landwirtschaftlicher Betriebe wurde das Mühlengebäude Anfang der neunziger Jahre zu Wohnungen umgebaut.

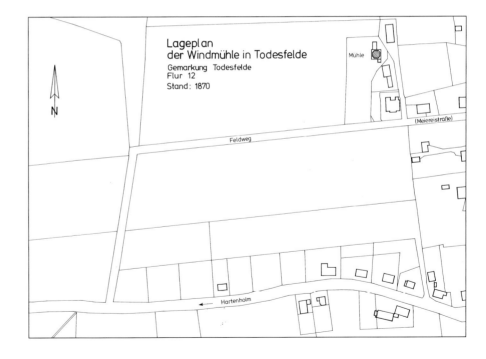

Lageplan
der Windmühle in Todesfelde
Gemarkung Todesfelde
Flur 12
Stand: 1870

52 Trenthorst

Bereits in einer Urkunde von 1372 wird auch die Trenthorster Wassermühle erwähnt. Da der Wasserzulauf in den Sommertagen manchmal zum Antrieb der Mühle zu gering war, baute man in ihrer Nähe eine Windmühle. Zu Maitag 1790 wurden beide Mühlen seitens des Pächters von Trenthorst auf drei Jahre an den Müller Christian Matthias Thielmann verpachtet. 1825 übernahm der Gutsherr die Windmühle selbst, um sie für die von ihm errichtete 'Cakes Fabrik' zu nutzen. 1826 fielen Windmühle und Teile der Fabrik einer Feuersbrunst zum Opfer. Eine 1835 neu erbaute holländische Windmühle wurde am 31. Juli 1837 bei einem abermaligen verheerenden Brand vernichtet. Der Lageplan enthält den Standort eines 1838/39 erbauten Galerieholländers. Die Mühle brannte 1895 durch Blitzschlag ab.

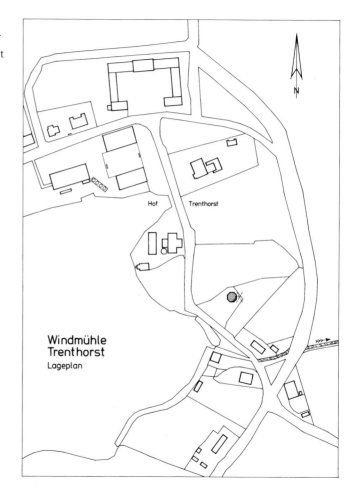

Hof Trenthorst

Windmühle
Trenthorst

Lageplan

53 Hamberge

Die Gemeinde Hamberge besteht aus dem Kirchdorf Hamberge, dem Dorf Hansfelde sowie einigen Häusergruppen und dem Sandhof. Das Gebiet der beiden Dörfer gehörte zu der ältesten Ausstattung des Lübecker Bistums. 1803 wurden die beiden Dörfer dem Fürstentum Lübeck zugeschlagen, ihrer enklaveartigen Lage wegen aber 1843 von diesem gegen andere Dörfer in Holstein ausgetauscht. Der nach historischen Unterlagen gezeichnete Lageplan enthält den Mühlenbach, der sich in einer einem Urstromtal ähnlichen Niederung der Trave zuwendet. Die Flurnamen 'Kuhteich' und 'Mühlenkamp' deuten auf eine wahrscheinlich doppelte Anstauung – für eine obere und eine untere Wassermühle – hin. Die Windmühle beim Sandhof ist in den 1920er Jahren verschwunden.

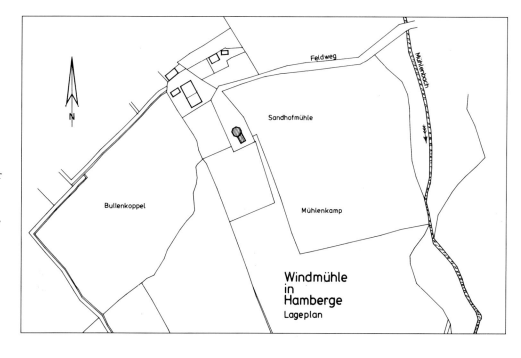

Windmühle in Hamberge

Lageplan

54 Schönningstedt (Stadt Reinbek)

Funken stoben und dichte Rauchschwaden stiegen in die Höhe als am Abend des 29. Oktober 1991 die Schönningstedter Mühle, das Wahrzeichen von Reinbek, bis auf die Grundmauern niederbrannte. Gebaut worden war die Mühle 1886 (Bd. 3, Abb. 71). 1890 erweiterte der Müller Max Assmann die Mühle um eine Bäckerei, die er später mit Sohn Ludwig Peter und Enkel Alfred Peter bis 1951 betrieb. Korn gemahlen wurde hier bis 1964. Dann zog in die Mühle eine Diskothek ein, die 1984 teilweise ausbrannte. 1990 wurde die Mühle verkauft und darin ein Billard-Café eingerichtet.

55   Schönningstedt

Vier Jahre nach dem Brand, der die Schönningstedter Mühle am 29. Oktober 1991 vernichtete, wurde mit dem Wiederaufbau der Mühle begonnen. Dabei fand eine 1993 in Wagersrott abgebrochene Holländermühle (Bd. 6, Abb. 125) Verwendung. Mit vier großen Lastkraftwagen wurde die in ihre Einzelteile zerlegte Mühle nach Schönningstedt transportiert. Die Mühle paßte genau auf den gemauerten Unterbau der Schönningstedter Mühle. Die Kappe mußte in der Konstruktion ergänzt und mit neuer Dachhaut versehen werden. Das Foto vom 8. Juni 1996 zeigt den Wiederaufbau der Mühle. In der Mühle soll ein Restaurant mit Biergartenterrasse eingerichtet werden.

56   Ratzeburg, Vorstadt Dermin

Der abgebildete Ausschnitt aus der Karte von 1880 enthält das kartographische Symbol für die Windmühle in der Vorstadt Dermin im Bereich Ziethener Straße/Mühlenweg, unweit westlich der Ortsgrenze von Ziethen. Im 'Allgemeinen Adressbuch für das Herzogtum Lauenburg' von 1872 erscheint Johann Peter August Glamann als Pächter der Kornwassermühle (Malzmühle) und Windmühle vor Ratzeburg. Über die Malzmühle gibt es umfangreiches Aktenmaterial. Flur- und Straßenbezeichnungen, wie 'Bei der alten Mühle' und 'Am Mühlengraben' erinnern an die alte Malzmühle.

Nach deren Stillegung erhielt die frühere Roggenmühle die Bezeichnung 'Malzmühle'. Über die Windmühle konnte Näheres nicht ermittelt werden.

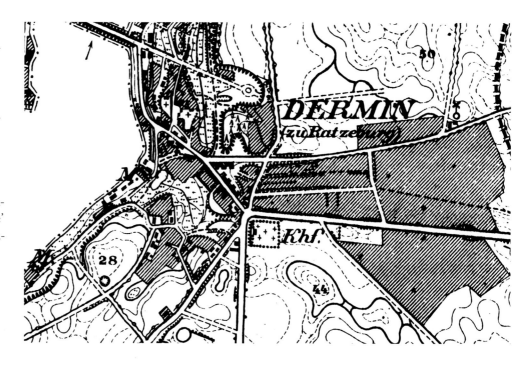

57 Lanken

Das ehemalige Gut Lanken aus dem Jahre 1732 umfaßte um die Mitte des vergangenen Jahrhunderts den Haupthof Lanken, die Lankener Mühle und die Dörfer Sahms, Groß-Pampau und Elmenhorst. Die Windmühle ist um 1850 südöstlich vom Hof an der Chaussee von Schwarzenbek nach Mölln (jetzt B 207) erbaut worden. Die Mühle war eine Zeitpachtstelle, zu der auch eine Hökerei gehörte. Bis wann die Mühle bestanden hat, ist nicht bekannt. Die Gutsgebäude liegen jetzt im Sperrbereich der Sachsenwald-Kaserne in der Gemeinde Elmenhorst. Hofbegrenzende Baumreihen und Zufahrtsalleen des Gutes sind noch erhalten. Das bemerkenswerteste Gebäude in Lanken ist der unter Denkmalschutz stehende alte Kornspeicher mit seinen zahlreichen bogenförmigen Luken.

58 Mölln

Die abgebildete, nach 1860 entstandene Lithographie von Mölln zeigt am linken Bildrand die Mühle auf dem Klüschenberg. Da die Möllner Wassermühle häufiger unter Wassermangel litt, ließ der Magistrat 1821 gegenüber dem Schützenhof eine Windmühle errichten. Kurz vor der Jahrhundertwende wurde die zu der Zeit im Besitz des Müllers Karl Lüneburg befindliche Windmühle abgebrochen. Die in Band 6, Bild 68 abgebildete Windmühle zeigt nicht, wie irrtümlich angegeben, die Mühle auf dem Klüschenberg, sondern die Mühle am Wasserkrüger Weg 44. Dort ist noch der aus roten Ziegeln gemauerte zweistök-kige Unterbau mit angebautem ehemaligen Speicher vorhanden. In dem Gebäude befinden sich jetzt (April 1995) Wohnungen.

59 Alt Mölln

Auch ein massiver Einsatz der Feuerwehr konnte die 1875 erbaute Windmühle in Alt Mölln (Bd. 2, Abb. 81) nicht retten. Am späten Abend des 27. November 1985 brannte der Galerieholländer bis auf die Grundmauern nieder. Das trockene Holz und das Reetdach standen in wenigen Minuten in hellen Flammen. Bis 1952 war in der Mühle mit zwei windgetriebenen Schrotgängen und einem Motormahlgang noch Korn gemahlen worden. 1955 baute der damalige Besitzer Greifelt die Mahlgänge aus. Zuletzt befand sich in der Mühle ein Restaurant.

60 Alt Mölln

Im Jahre 1993 begann Nicholas Wessel, der das Grundstück mit den darauf befindlichen Mauerresten gekauft hatte, mit dem Wiederaufbau der Windmühle, wobei noch vorhandenes Mauerwerk in den neuen Baukörper einbezogen wurde. Der Auftrag für die Holzkonstruktion ging an einen im Kreis Herzogtum Lauenburg ansässigen Zimmereibetrieb; Mühlenkappe und Mühlentechnik fertigte ein Mühlenbauer aus Mecklenburg. Die eichene Rutenwelle mit gußeisernem Armkreuz sowie das Lager für die drehbare Kappe kamen von einer in Mecklenburg abgängigen Mühle. Rund 50 cbm Bauholz wurden für Mühlenrumpf und Kappe benötigt. Die Kappe ist mit einem Umgang versehen. Das Foto entstand im August 1994.

61 Alt Mölln

Schönstes Frühlingswetter herrschte als am 22. April 1995 die Dorfbewohner von Alt Mölln und zahlreiche weitere interessierte Gäste aus nah und fern mit dem Bauherrn Nicholas Wessel und seinem Partner Franz Werner Eller die Fertigstellung des Mühlenbaues feierten. Ein Jahr nachdem das Dorf seine 800-Jahr-Feier beging, hat Alt Mölln nun wieder eine Windmühle. Die etwa 20 m hohe Holländermühle hat ein funktionsfähiges 'Windwerk'. Die Mühle dient als Wohnung und bietet auch Platz für kulturelle Veranstaltungen. Ihren Namen 'Wesseller-Mühle' hat das neuerstandene Bauwerk nach den Initiatoren Wessel und Eller.

62 Lübeck, St. Gertrud, Schiefenberger Mühle

Schöne alte Villen, ausgedehnte Grünanlagen und die reizvolle Wakenitz machen St. Gertrud, die östlichste der drei Lübecker Vorstädte, zum begehrten Wohnort. Seit 1786 erfolgte die Bebauung des Geländes im Winkel zwischen Marli- und Arnimstraße. Um die Mitte des 19. Jahrhunderts entstand zwischen diesen Straßen sowie den Querstraßen Werderstraße und Bergstraße, am Schevenbarg eine Windmühle. Nach dem 'Schiefen Berg' – der Mühlenberg fällt nach der einen Seite schroff ab und verläuft nach der anderen Seite langgestreckt und bildet so ein schiefes Dreieck – entstand die Bezeichnung

'Schiefenberger Mühle'. Sie brannte am 26. August 1869 ab. Der Wiederaufbau erfolgte für Dampf- und später Motorbetrieb. 1913 betrieb Emil Rentzow die später abgebrochene Mühle.

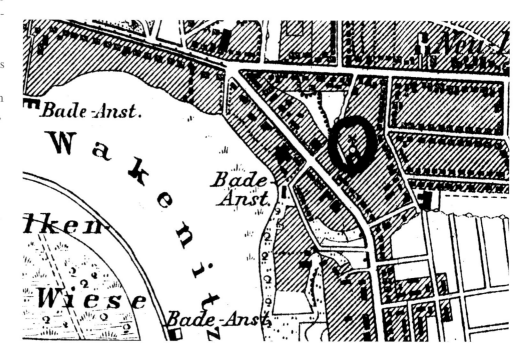

63 Lübeck-Kücknitz

Der Stadtteil Kücknitz ist geprägt durch die um die Jahrhundertwende einsetzende Industrialisierung. Schon früh legte man in diesem alten Siedlungsgebiet, an der unteren Kücknitz eine Wassermühle an. 1481 verkaufte das Lübecker Domkapitel die Wassermühle an das St.-Johannis-Kloster zu Lübeck. Da der nur rund sieben Kilometer lange Mühlenbach nicht ausreichend Wasser führte, baute man 1822 nördlich der heutigen Seelandstraße zusätzlich eine Windmühle. 1844 vergab das Kloster Wasser- und Windmühle gegen einen jährlichen Kanon von 600 Mark und eine einmalige Zahlung von 20 150 Mark in Erbpacht. Die Zeichnung zeigt die Herrenfähre und die Windmühle um 1840. Bis wann die Windmühle bestanden hat ist nicht bekannt; die Wassermühle wurde 1940 abgebrochen.

64   Schwinkenrade

Ein gutes Stück westlich von der Schwinkenrader Wassermühle errichtete man auf einer unbebauten Koppel, kurz bevor die von Schwinkenrade kommende Straße in die Landstraße Lübeck-Ahrensbök einmündet, eine Holländermühle. In unmittelbarer Nähe des am südlichen Ausläufer des Schwinkenrader Forsts gelegenen Wassermühle war keine geeignete Höhe frei von Wald. Zu der Wassermühle gehörte eine Bäckerei, in der auch heute noch gebacken wird. Schwinkenrade besteht aus einer Häusergruppe und Forsthaus, im Dorf Böbs, das am 1. Oktober 1933 von der Gemeinde Curau in die Gemeinde Ahrensbök eingemeindet wurde. Die Schwinkenrader Windmühle brannte 1903 nieder. Das Foto zeigt einen Mahlgang in der heute nicht mehr betriebenen Wassermühle.

65 Dunkelsdorf

Dunkelsdorf, bestehend aus Dorf und Gut, wurde am 1. Oktober 1933 von der Gemeinde Curau in die Gemeinde Ahrensbök eingegliedert. Das adelige Gut Dunkelsdorf, zu der eine Windmühle gehörte, zählte zu den sogenannten lübschen Gütern. Der Ausschnitt aus der 1879 herausgegebenen Karte 2029 der Preußischen Landesaufnahme enthält die Gebäude des Gutes nordwestlich des Dorfes und weiter nordwestlich die Windmühle, unweit der Landstraße Lübeck-Ahrensbök. Die Windmühle ist 1896 abgebrannt; sie wurde nicht wieder aufgebaut.

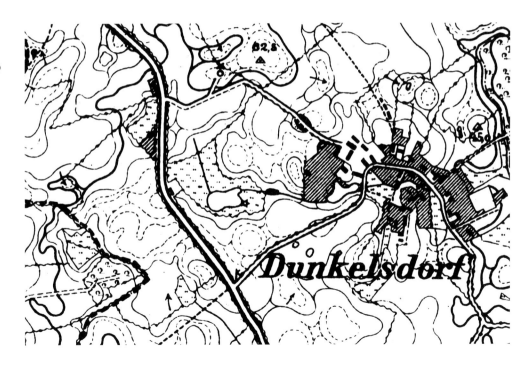

66   Flörkendorf

Das Dorf Flörkendorf ist in der ersten Hälfte des 15. Jahrhunderts verschwunden; die 1420 vom Lübecker Domherr erbaute Wassermühle blieb bestehen. Die Flörkendorfer Mühlen, nämlich die obere Mühle (Flörkendorfer Mühle) und die untere Mühle (Talmühle) gehörten zum Vorwerk Neuhof, das 1771 parzelliert wurde. 1770 verkaufte die Regierung unter Christian VII. die Flörkendorfer Mühlen an den Müller Johann Jacob Haß für 3 035 Reichstaler und Erlegung eines jährlichen Kanons. Die umliegenden Ortschaften blieben den Mühlen zwangspflichtig. Schröder/Biernatzki (1855) erwähnen unter Flörkendorf zwei Wassermühlen und eine Windmühle. Die Windmühle stand nördlich der oberen Mühle auf der Windmühlenkoppel. Letzter Wassermüller in Flörkendorf war Otto Griesbach.

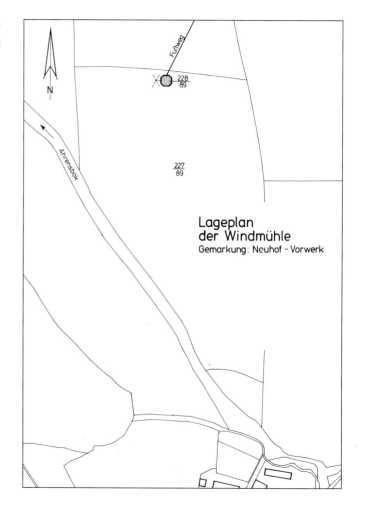

Lageplan
der Windmühle
Gemarkung: Neuhof – Vorwerk

67 Hobbersdorf

Die vielseitige Verwendung von Mühlen wird deutlich am Beispiel Hobbersdorf. Für den Müller und das Domkapitel zu Lübeck, das im Besitz der an der Schwartau angelegten Mühle war, gab es im Laufe der Zeit durch immer neue Erwerbszweige Einnahmen aus: Poliermühle, Grütz- und Graupenmühle, Lohmühle, Papiermühle, Kupfermühle, Ölmühle; hinzu kamen Fischerei und Brauerei. Als 1849 der Mühlenzwang aufgelöst wird, kauft der Müller Johst 1850 eine Koppel oberhalb seiner Wassermühle und baut darauf eine Windmühle, um auch bei etwaigem Wassermangel mahlen zu können. Bereits 1860 verkauft er die Windmühle zum Abbruch an den Müller Lüneburg in Boitzenburg (Quelle: 'Hobbersdorf und seine Mühlen' von Willy Rischmüller, in: Jahrbuch für Heimatkunde Eutin 1970.)

68 Woltersmühlen, Horizontalmühle

'Eine neue Einrichtung einer Mühle machte 1803 ein Müller Scharbow, nicht weit von Eutin. Er hat eine Wassermühle, der es aber oft an hinreichendem Wasser fehlt. Er ist daher auf den Gedanken gekommen, oben auf dem Hause der Wassermühle eine Windmühle mit horizontalen Flügeln anzulegen. Damit die volle Kraft des Windes aufgefangen werde, sind die Flügel mit einem beweglichen Schirme umkleidet, den man an der Seite öffnet, wo der Wind herkommt; an der entgegengesetzten Seite aber wird ein Zugloch gemacht, damit der Wind um so stärker ziehe. Diese aufgesetzte Windmühle treibt dasselbe Werk, welches auch vom Wasser getrieben werden kann.' Soweit G.G. Bredow in 'Umständlichere Erzählung der merkwürdigen Begebenheiten aus der allgemeinen Weltgeschichte' von 1819.

69 Woltersmühlen, Holländermühle

Als der Müller Scharbau seine Horizontalmühle (jetziges Grundstück Lindenallee 2) für die Getreideverarbeitung in Betrieb nahm, mußte er zu seinem Kummer feststellen, daß sie in ihrer Leistung weit hinter den Erwartungen zurückblieb. Auch allerlei von Fachleuten an der Mühle vorgenommene Veränderungen brachten nicht den gewünschten Erfolg. Die Horizontalmühle wurde deshalb abgebrochen und stattdessen an der Straße nach Pönitz (jetzt 'Alte Salzstraße') eine Holländermühle errichtet. Das abgebildete Foto von März 1908 zeigt die sich durch die Landschaft windende Schwartau und die östlich davon errichtete Holländermühle. Sie überdauerte noch den Ersten Weltkrieg, wurde aber 1919 abgebrochen.

70 Malente-Gremsmühlen

Als 'molendinum gremece' wird die Gremsmühle im Tafelgüter-Verzeichnis der Lübecker Bischöfe von 1280 erstmalig erwähnt. 1774 übernimmt Joachim Hinrich Olandt die Mühle in Erbpacht. Sein Sohn gleichen Namens faßt 1811 den Plan, in der Nähe der Wassermühle eine Windmühle zu bauen, da, sobald die trockene Witterung einsetzt, das Wasser für die Wassermühle zu knapp wird. Zu Martini 1812 ist die Windmühle betriebsfertig. Die Windmühle bringt nicht den erhofften Nutzen. Die Gebrüder Tode, die die Gremsmühle am 26. Mai 1856 gekauft haben, lassen die Windmühle 1865 abbre-

chen und in Neukirchen wieder aufbauen. Die Abbildung zeigt ein Aquarell von Hermann Jäckel von 1836. Dargestellt sind Wassermühle und Windmühle und rechts der Dieksee.

71 Eutin, Sägemühle

Außer den Kornmühlen, zwei im Stadtgebiet (Bd. 1, Abb. 70 und Bd. 3, Abb. 87) sowie zwei im heutigen Stadtteil Fissau (Bd. 6, Abb. 76 und Bd. 7, Abb. 113), gab es in Eutin noch eine weitere Windmühle. Sie stand an der Elisabethstraße – heute Gelände von 'Utina' – und diente als Sägemühle. Der Antrieb wurde später von Wind auf Dampf und danach auf Motor umgestellt. 1877/78 ist August Hermann Westphal Eigentümer, 1914 der Sägereibesitzer Hugo Hammerich. Die Firma Pitzner & Held, 1942 als Eigentümer eingetragen, fertigte hier Weidezäune. Das Unternehmen firmierte danach als Pitzner, Schnoor & Schleuter; Pitzner, Niemöller & Schleuter und schließlich Pitzner & Schleuter KG. Bei Bauarbeiten stieß man 1988 auf Fundamente des alten Windmühlengebäudes.

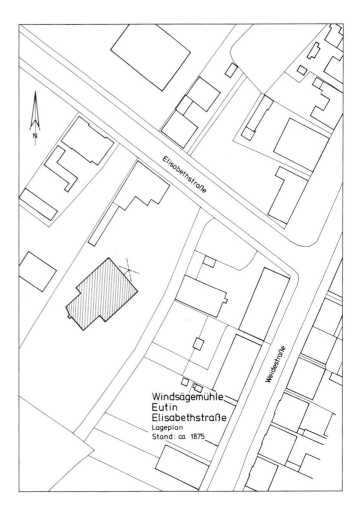

Windsägemühle
Eutin
Elisabethstraße
Lageplan
Stand: ca. 1875

72 Kasseedorf

Die Flurbezeichnungen 'Papierkoppel' und 'Papierberg' erinnern an die einstige Papiermühle, die Bischof Hans von Lübeck nach 1693 in Kasseedorf anlegen ließ. 1697 baute der damalige Pächter der Papiermühle, Leonhard Gadebusch, die Mühle neu auf. Am 17. Juli 1817 arbeitete die Papiermühle zum letzten Male. Sie wurde abgebrochen und durch eine Kornwassermühle ersetzt, die man um eine Windmühle erweiterte. 1880 brannte die am Mühlenteich, unmittelbar westlich der Chaussee nach Lensahn, errichtete Wassermühle ab. Nach dem Wiederaufbau des Mühlengebäudes übernahm der Schönwalder Müller Lübbe die beiden Mühlen in Kasseedorf. Die Windmühle stand südlich vom Mühlenteich auf dem Baakenberg. Das Wassermühlengebäude (rechts im Bild) ist noch erhalten.

Kasseedorf   Mühlenteich

73 Schönwalde am Bungsberg

Schönwalde ist das höchstgelegene Dorf Ostholsteins. 1741 erteilte die Administration namens des Bischofs und Herzogs dem Baudirektor Lewon die Order zum Bau einer Windmühle. Bischof Friedrich August vergab die 1742 westlich des jetzigen Sportplatzes erbaute Bockmühle 1752 in Erbpacht. Am 20. November 1835 verkaufte die Großherzogliche Fideicommiß-Administration die Mühle an den Müller Wiggers in Pansdorf zum unverzüglichen Abbruch. Im gleichen Jahre hatte nämlich der 1806 in Sehestedt geborene Mühlenbau-

er Carl Friedrich Trahn aus Neustadt ganz in der Nähe der Bockmühle eine Kappenwindmühle erbaut. Deren letzter Pächter war 1877 der Müller Lübbe. 1883 wurde die Mühle abgebrochen. Der

erhöhte ehemalige Mühlenplatz ist noch deutlich erkennbar.

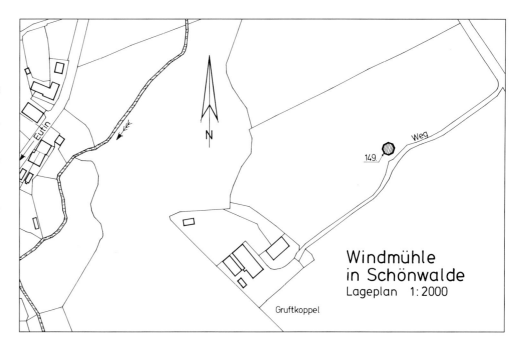

Windmühle
in Schönwalde
Lageplan   1:2000

74 Neustadt in Holstein, herrschaftliche Kornmühle

Die von dem Kieler Landbaumeister J.A. Richter unterschriebene Zeichnung eines Galeriehölländers befindet sich bei den Akten der vor dem Kremper Tor bei der Stadt Neustadt errichteten herrschaftlichen Kornmühle. Mit Schreiben vom 24. März 1802 übersendet das Königliche Amtshaus zu Cismar der Rentekammer zu Kopenhagen ein Gesuch des Erbpachtmüllers Gerhard Joachim Peter Lange zu Neustadt, in dem dieser mitteilt, daß er seine in Erbpacht habende Korn-, Grütz- und Graupenwindmühle an den Zeitpächter der Hospitalmühle, Daniel Bahr, verkauft habe und um Approbation dieses geschlossenen Handels nachsucht. Am 7. Februar 1868 brannte die auf dem Windmühlenberg vor dem Kremper Tor belegene Windmühle ab. (Quelle: LAS Abt. 66, Nr. 3960.)

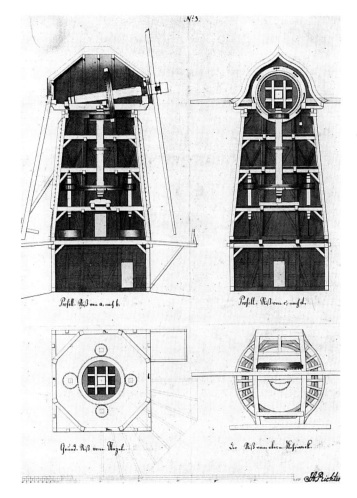

75 Neustadt in Holstein, Hospitalmühle

Auf Neustädter Flur lagen früher drei vom Mühlenbach getriebene Wassermühlen: die Lübsche Mühle, die Hospitalmühle und die Malzmühle. Die erstmals 1333 erwähnte Hospitalmühle kam 1422 in Besitz des Hospitals. Im 18. Jahrhundert war die Mühle im Besitz der Familie Bendfeldt. Wegen der ungünstigen Wasserverhältnisse des Mühlenbachs ließ der Nachbesitzer, Müller Pröhl, 1853 weiter südwestlich auf einem heute gänzlich abgetragenen Hügel eine Windmühle bauen. Am 29. April 1892 schreibt das Neustädter Wochenblatt: 'Gestern morgen zwischen 3 und 4 Uhr entstand in der unweit unserer Stadt belegenen Hospitalmühle des Herrn Bohnsack Feuer, welches dieselbe in kurzer Zeit bis auf die Ringmauer vollständig einäscherte.' Der Lageplan zeigt den Stand von 1875.

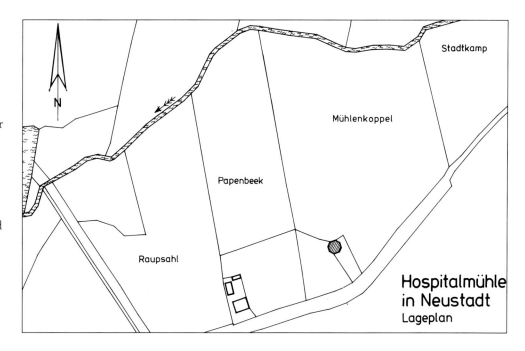

Stadtkamp

Mühlenkoppel

Papenbeek

Raupsahl

**Hospitalmühle
in Neustadt**
Lageplan

76 Hasselburger Mühle

Wieder durchgängig für Lachse, Meer- und Bachforellen sowie Berberitzen ist die Kremper Au, nachdem sie seit 1994 bei der Hasselburger Mühle wieder in ihrem ursprünglichen Bett fließt und der Mühlenteich saniert ist. Neben Durchführung dieser wasserbaulichen Maßnahmen, restaurierte der jetzige Eigentümer des Anwesens Hasselburger Mühle dort eine Reetdachkate und eine große Scheune. Eine Aufzählung der Immobilien, die 1828 zum Mühlengewese gehörten, enthält eine Verkaufsanzeige im Wagr. Wochenblatt, Jahrg. 1828, Nr. 3, Seite 23. Die Windmühle stand auf einem imposanten Hügel, der sich südöstlich der Hasselburger Mühle erhebt. Bei Oldekop (1909) sind Wasser- und Windmühle sowie Wohnhaus mit Gastwirtschaft, Scheune und Kate mit Arbeiterwohnung aufgeführt.

Verkauf einer Wind- und Wassermühle

Die zur Concursmasse des Hufners Jochim Detlef Friedrich Grell in Marxdorf gehörigen, im Gute Hasselburg bei dem Dorfe Sibstien belegenen Immobilien, nämlich:

1. eine holländische Windmühle mit vier Gängen,

2. eine Wassermühle mit einem Gange,

3. ein von Brandmauer aufgeführtes, mit Ziegeln gedecktes Wohnhaus, nebst Scheune, Kathen und Garten etc.,

4. etwa 12 Tonnen Land,

sollen am 18 ten Februar 1828, als am Montage nach dem Sonntage Quinquages., öffentlich verkauft werden.

Diese Mühlen liegen in einer zum Absatz bequemen Gegend, die Güter Hasselburg und Wahrendorf sind zur Mühle zwangspflichtig.

Die Kaufliebhaber können sich am 18 ten Februar l. J., Vormittags 11 Uhr, auf dem Hofe zu Hasselburg vor diesem Gerichte einfinden, die Kaufbedingungen 3 Wochen ante terminum hieselbst und bei dem Pächter Ziems auf der Stelle einsehen, sich auch an Letzteren wenden, falls sie diese Immobilien in Augenschein nehmen oder nähere Auskunft darüber haben wollen.

Justitiariat des Gutes Hasselburg zu Neustadt, den 21 sten Dezember 1827.

C. Romundt.

Quelle: Wagr. Wochenblatt, Jahrg. 1828, Nr. 3, Seite 23

77 Gaarzermühle

In einem im Schuld- und Pfandprotokoll der Gaarzer Mühle niedergeschriebenen Kaufvertrag vom 31. Juli 1875 ist zu lesen: 'Es verkauft, überträgt und überläßt der Erbpachtsmüller Paul Carl Christian Schröder zur Gaarzer Mühle die ihm eigenthümlich gehörende im Gute Gaarz belegene Erbpachtsmühle mit allem Zubehör und Gebäuden … und … 31 ½ Tonnen Acker- und Wiesenländereien … an den Herrn Grafen Conrad von Holstein (Gutsbesitzer von Gaarz) … zu höchstgebotener Summe von 49 100 Mark …' Die Windmühle, ein Kellerholländer, hatte drei Mahlgänge und einen Graupengang. Bei Oldekop (1909) wird die Mühle nicht mehr erwähnt. Der ehemalige Mühlenplatz etwas nördlich vom Antoinettenhof ist noch deutlich zu erkennen.

78 Oldenburg in Holstein, Burgmühle

Am 27. August 1798 unterrichtete Cornelius Hinrich Petersen, der die bei der Stadt Oldenburg belegenen Mühlen, nämlich die Burgmühle und die Schmützmühle, in Pacht hatte, das Königliche Amtshaus zu Cismar, daß die Burgmühle am gestrigen Tage zerbrochen und ganz unbrauchbar geworden sei. Eine vom Amtshaus eingeleitete Untersuchung ergab, daß sich eine Reparatur nicht lohne und daher eine neue Mühle zu bauen sei. Für den Neubau machte der Landbaumeister Richter zwei Vorschläge: 1. ein Galerieholländer gemäß Riß A und Voranschlag B; 2. eine sogenannte Holländische Jungfer gemäß Riß C und Voranschlag D. Holländische Jungfer nennt man diesen Mühlentyp wegen der starken Einschnürung zwischen Unterbau und Oberhaus. (Quelle: LAS Abt. 66, Nr. 4143.)

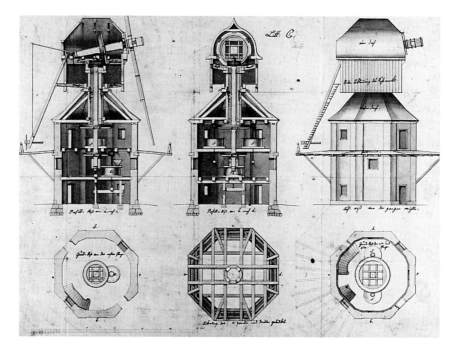

79 Oldenburg in Holstein, Burgmühle

Nach einer am 19. Juli 1799 gehaltenen öffentlichen 'Licitation' schloß der Landbaumeister Richter im Auftrag der Königlichen höchstpreislichen Rentekammer mit dem Zimmermeister Lembrecht aus Preetz einen Vertrag über den Neubau der Burgmühle. Der von J.A. Richter und den Preetzer Zimmermeistern Johann Lembrecht und Marthien Christian Lembrecht unterzeichnete Vertrag vom 30. Januar 1800 enthielt den Auftrag zum Neubau eines Galerieholländers gemäß Riß A. Die innere Mühleneinrichtung sollte bestehen aus einem Mehlgang und zwei Graupengängen. Die Burgmühle wurde auf dem Burgfeld am Wege nach Kröß erbaut. Sie brannte am 12. Januar 1868 ab. Pächter war damals der Müller Quitzau. Die Abbildung zeigt einen Graupengang der Burgmühle. (Quelle: LAS Abt. 66, Nr. 4143.)

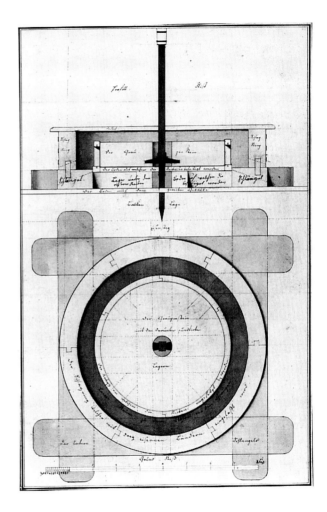

80 Heiligenhafen

Sieben Mühlen prägten noch 1870 das Bild von Heiligenhafen. Von West nach Ost gab es folgende Mühlen: Eine Graupenmühle, westlich der Bergstraße, wurde nach 1918 abgebrochen und von dem Müller Adolf Jäger durch einen Galerieholländer, die Sakkenkamper Mühle, ersetzt. Um 1926 wurde die Mühle nach Orth (Bd. 3, Abb. 93) verkauft. Eine Holländermühle stand an der Kirchhofstraße; sie wurde in den 1880er Jahren abgebrochen. Am Südende der Reiferbahn stand eine Bockmühle, die 1871 abbrannte; die danach erbaute Holländermühle ist ebenfalls abgebrannt. Östlich der Schulstraße und nördlich der Gärtnerstraße stand eine Bockmühle, die in den siebziger Jahren niederbrannte; ihre Nachfolgerin, eine Holländermühle, fiel 1876 ebenfalls einem Feuer zum Opfer.

Heiligenhafen von der Oldenburger Chaussee gesehen

Heiligenhafen vom Wasser aus gesehen

81 Heiligenhafen

Die fünfte Mühle war eine Bockmühle; sie stand südlich der Wilhelmstraße und gehörte Hinrich Schmütsch. Anfang der 1870er Jahre warf der Wind die Mühle um. Eine weitere Bockmühle stand im Bereich 'Am Ufer'/Wilhelm-Jensen-Straße. Sie war im Besitz von Rudolf Jürgens. In den 1870er Jahren wurde sie ein Raub der Flammen. Die abgebildete Ansichtskarte zeigt die östlichste Mühle, nämlich die Ortmühle. Der Flurname 'Ohrt' bedeutet Spitze und steht für die nach Norden vorspringende Landspitze. Nach der Mühle erhielt dieser Vorort den Namen 'Ortmühle'. Als Betreiber der Mühle ist ein Müller Brock-mann bekannt. Er verkaufte die Mühle an den Gutsherrn der Güter Siggen und Flügge, der die Mühle später weiterveräußerte. 1906 brannte die Ortmühle ab.

82 Meeschendorf

Das Dorf Meeschendorf liegt in der Gemeinde Neukirchen und hatte 1987 bei der Volkszählung 43 Einwohner. Um die Mitte des vergangenen Jahrhunderts gehörte Meeschendorf zum adeligen Gut Bürau. Nach Schröder/Biernatzki (1855/56) bestand das Gut Bürau aus dem Haupthof, dem Dorf Meeschendorf mit Meeschendorferweide, der Meeschendorfer Mühle, einer in Zeitpacht gegebenen Kornwindmühle, einer Kate beim Hof und einer Kate bei Neukirchen. Die Landsteuerliste des Gutes Bürau enthält ein Vermessungsregister vom 16. September 1803. Darin ist das Dorf Meeschendorf mit 441 Tonnen 92 Quadratruten an-

gegeben. Bei der Dorfschaftsverteilung erhielt der Müller Steen 5 Tonnen Ackerland. Die westlich des Dorfes gelegene Holländermühle ist vor 1908 abgebrannt.

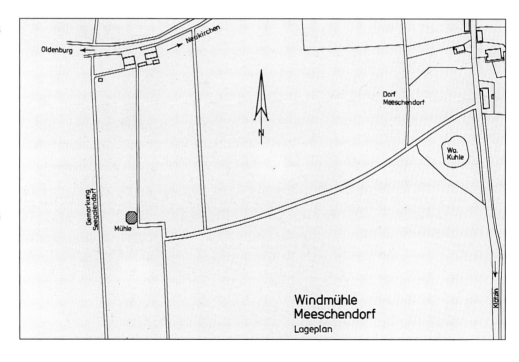

83 Glambek (zu Burg auf Fehmarn)

Auf einer flachen Nehrung zwischen Burger Binnensee und Ostsee liegt die Ruine der im 13. Jahrhundert als Sitz der dänischen Vögte errichteten Burg Glambek. Bei ihrem Vormarsch gegen die Dänen wurde Burg Glambek 1627 von kaiserlichen Truppen gründlichst zerstört. 1746 beantragte der Vizekämmerer Asmus Rauert, daß ihm der wüste und gänzlich unbrauchbar gebliebene Platz Glambek als Eigentum käuflich übertragen und ihm die allerhöchste Konzession, eine Graupenmühle daselbst zu erbauen, erteilt werden möge.

Justizrat von Leesen und Carsten Mackeprang, 1844 Besitzer der Mühle, hatten einen bedeutenden Absatz der Kornprodukte an die vor Burgtiefe ankernden Schiffe. 1862 wurde die Mühle an die Stelle der bisherigen Oster-Bockmühle in Burg versetzt (Bd. 5, Abb. 96).

OSTSEEBAD BURGTIEFE AUF FEHMARN   RUINE GLAMBECK MIT WARTTURM

84 Behnkenmühlen

Die nördlich des Dorfes Löptin an der Nettelau angelegte 'Neue Mühle', die ab 1457 dem Kloster Preetz gehörte, verdankt ihren ab 1740 gebräuchlichen Namen 'Behnkenmühle' der Müllerfamilie Behnken, die die Wassermühle von vor 1700 bis 1724 gepachtet hatte. Dem Müller Wilm Wilmsen, der die Mühle 1747 pachtete, wurde vom Kloster gestattet, auf seine alleinigen Kosten eine Windmühle zu bauen. Die daraufhin um 1750 erbaute Windmühle brannte 1871 durch Blitzschlag nieder. Umgehend ließ der damalige Pächter Asmus Christian Möller durch den Mühlenbauer Trahn aus Neustadt eine neue Windmühle erbauen. 1901 wurde die Mühle abgebrochen und am Schellhorner Berg (Bd. 4, Abb. 100) wieder aufgebaut. Das Bild zeigt ein Gemälde von Ernst Wolperding aus dem Jahre 1860.

85 Perdöl

Nahe an den Ausfluß des Belauer Sees zum Stolper See wurde 1761 die Perdöler Mühle, die vorher weiter stromabwärts gelegen hatte, versetzt. Mit der Mühle war das Recht zum Brennen, Malzen, Brauen und Schenken verbunden. Nicht zuletzt aus diesem Recht heraus, hat sich die auf einer Ansichtskarte von 1907 abgebildete Gastwirtschaft Perdöler Mühle, mit Unterbrechungen, bis in unsere Zeit erhalten. Zur Ergänzung der Wassermühle baute der Müller Friedrich Christopher Abel, Erbpächter der Perdöler Mühle ab 9. Juni 1834, eine holländische Windmühle als Eigentumsmühle. Nachdem das Erb-pachtverhältnis aufgelöst worden war, verkaufte Adolf Detlef Abel 1876 die Wassermühle und siedelte sich in Wasbek an, wohin er die Windmühle umsetzen ließ (Bd. 5, Abb. 113).

Perdöler Mühle

86   Kleinmühlen

Kleinmühlen, Ortsteil der Gemeinde Bösdorf, hat seinen Namen nach einer Wassermühle, die östlich des Heidensees angelegt wurde und seit 1686 belegt ist. Die Einwohner von Bösdorf, Meinsdorf, Hof und Dorf Kleveez, Augstfeld, Friedrichshof und der Fegetasche waren verpflichtet, ihr Korn nur auf dieser Mühle mahlen zu lassen. Nach Aufhebung des Mühlenzwangs wurde dem Müller und Erbpächter Johann Friedrich Ferdinand Meyer am 28. September 1859 die Konzession zur Erbauung einer holländischen Windmühle erteilt. Meyer ließ durch den Mühlenbauer Carl Friedrich Trahn aus Neustadt auf einem Hügel östlich des Mühlenteiches eine Holländermühle mit zwei Graupengängen und einem Mehlgang errichten. Um 1890 verkaufte Meyer die Windmühle an dem Müller Wittgrefe in Langenrade.

87 Langenrade

Auf einer leichten Anhöhe, die sich südlich des Schwentinetals erhebt, steht die Langenrader Mühle. 1880 hatte der aus Wasbek stammende Müller Gustav Wittgrefe an der Kreuzung der alten Landwege nach Ascheberg, Plön und Wahlstorf ein Grundstück erworben und darauf eine Windmühle errichtet. Um 1890 brannte die Mühle ab. Müller Wittgrefe kaufte die Windmühle zu Kleinmühlen (Abb. 86), ließ sie abbrechen und in Langenrade wieder aufbauen. Nach mehrfachem Besitzerwechsel kam die Mühle 1901 in den Besitz von Hans Peter Eckeberg (im Foto von 1914 links). 1982 kauften drei Ehepaare die Mühle, die zu dem Zeitpunkt in bedenklichem Zustand, ohne Flügel und ohne innere Technik war. In jahrelangem Einsatz machten sie daraus wieder eine betriebsfähige Windmühle.

88 Neumünster

'Schienen zum Fortschritt' zeigt diese Lithographie von J.F. Fritz von 'Neumünster von der Westseite' mit einem Zug der 1844 eröffneten Altona-Kieler Eisenbahn im Vordergrund. Die abgebildete Windmühle hatte der Erbpachtmüller H.C. Schwarg 1807 an der heutigen Gartenstraße zur Erweiterung der Kapazität der Mühle am Teich errichtet. 1854 brannte die als Galeriehölländer errichtete Windmühle ab. Die Wassermühle am Teich wird 1502 erstmalig erwähnt. Sie war später landesherrliche Erbpachtmühle und danach über Generationen im Besitz der Müllerfamilie Tode. Ein Großfeuer, wie man es in der Neumünstera-ner Innenstadt seit Jahrzehnten nicht mehr zu verzeichnen hatte, vernichtete Anfang September 1980 die Mühle J.-H. Tode und Söhne an der Mühlenbrücke 1.

89   Kiel-Wellsee

Einer Nachricht in der Zeitschrift 'Deutscher Müller' vom 3. Mai 1901 zufolge, kaufte Müller Peters die Windmühle in Rodenbek (Bd. 7, Abb. 126) für 1 600 Mark auf Abbruch. Peters baute die Mühle auf einem unbebauten Grundstück in Wellsee an der jetzigen Segeberger Landstraße wieder auf. Bereits 1903 brannte die im Norden des Dorfes, das seit 1970 Stadtteil von Kiel ist, errichtete Windmühle nieder. An ihre Stelle trat die abgebildete Korn-Dampfmühle des Müllers Hugo Peters. Heute befindet sich auf dem Gelände ein Möbelgeschäft.

90 Kiel, Handelshafen

Zu den vielfältigen Nutzungsarten der Windmühlen zählt auch ihre Verwendung auf Segelschiffen, insbesondere im 18. und 19. Jahrhundert. Sie dienten zum Antrieb von Lenzpumpen, mahlten Korn, oder man nutzte sie zur Stromerzeugung. So befand sich zum Beispiel eine sechsflügelige Windmühle auf dem Segler 'Union', der in Nordenham an der Weser beheimatet war. Die 'Union' holte zur Kühlung von Seefischanlandungen Eis in größeren Blöcken aus Norwegen. Die auf dem Deck installierte Windmühle diente zum Antrieb einer Lenzpumpe zur Förderung des Wassers aus dem Schiffsboden, was üblicherweise mit Handpumpen erfolgte. Die abgebildete Ansichtskarte von etwa 1910 zeigt eine sechsflügelige Windmühle auf einem Segler im Kieler Handelshafen.

KIEL

Handelshafen

**91 Kiel, Schiffahrts-museum, Polarschiff 'Fram'
Gouache von G.W. Read 1896**

Das bekannteste Segelschiff mit Windmühle war die 'Fram' (norweg. 'vorwärts'). Mit der Fram unternahm der norwegische Forscher Fridtjof Nansen 1893-1896 die berühmte Expedition, die in der Eisdrift des Polarmeeres auf fast 86° Nord führte. Für die außergewöhnliche Beanspruchung in der Eisdrift mußte das Schiff besonders konstruiert sein. Die Schiffswände waren 70 cm dick und bestanden aus drei Lagen, davon zwei aus Eichenholz. Bug und Heck waren durch Metallplatten verstärkt. Der Rumpf hatte eine stark ausgerundete Form, so daß das Schiff durch Eisdruck nicht nach unten, sondern nach oben gedrückt wurde. Der als Dreimastschoner getakelte 400-Tonner hatte eine Hilfsdampfmaschine von 220 PS. Die Windmühle erzeugte elektrischen Strom.

92 Seefeld

Dieser vergrößerte Bildausschnitt von einer 1914 versandten Mehrbild-Ansichtskarte zeigt die an der jetzigen Mühlenstraße errichtete Dampfmühle. Die Dampfmaschine wurde später durch Motor ersetzt. Das Mühlengebäude ist noch erhalten, enthält aber keinen Mühlenbetrieb mehr. Die Dampfmühle war statt einer 1911 abgebrannten Windmühle errichtet worden. Die Windmühle stand ein gutes Stück westlich der Mühlenstraße. Wann die Seefelder Windmühle (Holländermühle) gebaut wurde und wer sie gebaut hat, konnte bislang nicht ermittelt werden. In der Karte der Preußischen Landesaufnahme von 1878 ist die Mühle nicht verzeichnet, wohl aber im Katasterplan aus jener Zeit.

93 Ostermühlen

Im 19. Jahrhundert wurde bei einer Vielzahl von Wassermühlen zusätzlich eine Windmühle errichtet. Die regenarmen Sommermonate und die vom Vorsommer bis Frühherbst vorgeschriebenen reduzierten Stauhöhen führten dazu, daß die Wassermühlen häufiger unter Wassermangel zu leiden hatten. Die Windmühlen sollten diesen Nachteil ausgleichen. In den meisten Fällen haben sich die Windmühlen aber nur wenige Jahrzehnte gehalten. Dafür mag es folgende Gründe gegeben haben: 1. die regenarme Zeit ging oft einher mit Windstille; 2. die Aufhebung des Mühlenzwangs und dadurch der Verlust von Kunden; 3. die zunehmende Verwendung der Dampfmaschine. Die zur Wassermühle Ostermühlen gehörende, 1836 westlich vom Mühlenteich erbaute Windmühle wurde 1870 abgerissen.

Ostermühlen

94   Bünzen

Am 'Bünzau-Wanderweg', der im Ort Bünzen in südlicher Richtung von der Bünzer Straße abzweigt, steht die unter Denkmalschutz stehende Wassermühle. Auf einer an dem Fachwerkgebäude angebrachten Holztafel ist zu lesen, daß die Wassermühle aus dem 16. Jahrhundert eine Königsmühle – Domäne – war. Nur königliche Untertanen aus den Dörfern Bünzen, Innien, Homfeld, Bargfeld, Böken und Gnutz durften auf dieser Mühle mahlen lassen. Die klösterlichen Untertanen mußten zur 15 km entfernten klösterlichen Mühle in Springhoe. Der Lageplan zeigt den Stand von 1875. Die Windmühle gehörte zur Wassermühle und war 1873 von anderswo nach hier umgesetzt worden. Sie wurde bereits 1892 wieder abgebrochen und nach Mecklenburg verkauft.

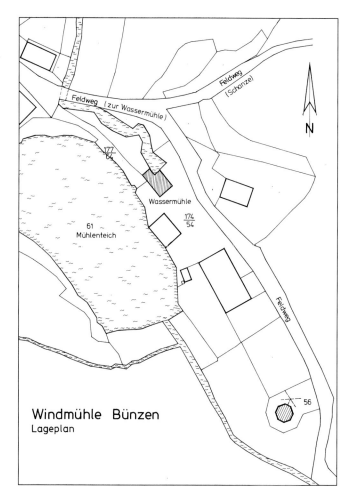

95 Thienbüttel

Thienbüttel, erstmalig um 1200 mit Tinenbotle benannt, wurde mit Wirkung vom 1. April 1938 in die Stadt Nortorf eingegliedert. Am 17. November 1771 erhielt Stubbe, Erbpachtmüller auf der Bokeler Mühle, die Berechtigung, die zur Wassermühle gehörende Windmühle abzubrechen und in Thienbüttel wieder aufzubauen. Stubbe errichtete die Mühle auf dem Heidbergskamp (Ritzebüttel) und ließ sie durch Afterpächter betreiben. Die Abbildung zeigt einen Ausschnitt aus Blatt 20 der Karte des Herzogtums Holstein (1789-1796) von Varendorf. Nach Aufhebung des Mühlenzwangs war die Windmühle bei Thienbüttel als 'Zubehör' zur Bokeler Mühle nicht mehr erforderlich. 1863 verkaufte Hans Hinrich Stubbe die Mühle zum Abbruch.

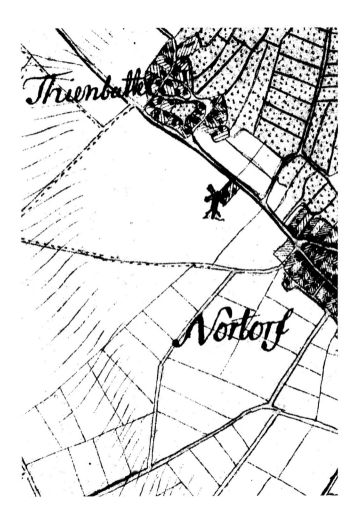

96   Elsdorf

Elsdorf, zur Gemeinde Elsdorf-Westermühlen gehörig, wird geprägt durch das im Norden an das Dorf angrenzende Gehege Osterhamm im Staatsforst Rendsburg. Der Elsdorfer Rotwildhegering ist der nördlichste in Deutschland. Nach Alfred Kuehn: 'Die Mühlen des Kreises Rendsburg', gab es im Dorf seit 1884 eine Bockmühle, die 1886 durch Feuer zerstört wurde. Danach wurde im Westen des Dorfes auf dem Luckmoor eine Windmühle erbaut. Diese Mühle wurde 1913 zwangsverkauft und abgebrochen. Der abgebildete Kartenausschnitt enthält das kartographische Symbol für die Windmühle auf dem Luckmoor.

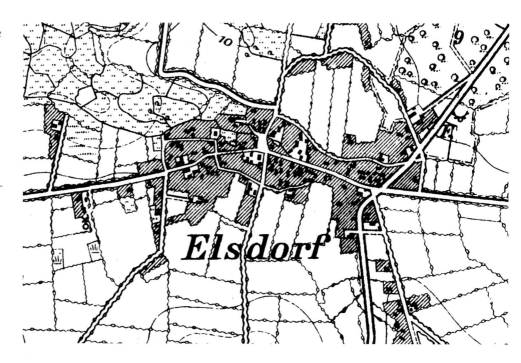

97 Westermühlen

Unvergeßliche Erinnerungen verbanden den 1817 in Husum geborenen Dichter Theodor Storm mit seinem Jugendparadies Westermühlen. Während seiner Kindheit und Jugendzeit war zunächst sein Großvater Hans Storm und später Hans Christian Storm, der ältere Bruder seines Vaters, Erbpachtmüller in Westermühlen. Am 20. Mai 1795 erhielt Hans Storm die 'Königliche allerhöchste Concession' zur Anlegung eines Graupengangs in seiner Erbpachtsmühle. In einer unterm 2. Juni 1847 für Hans Christian Storm ausgefertigten Konfirmation wurde eine Konzession zur Anlegung einer Windmühle mit einem Grütz- und Graupengang bestätigt. Die Windmühle wurde 1847 südöstlich der Wassermühle erbaut. 1868 brannte die Windmühle ab. Sie wurde wieder aufgebaut, aber bereits 1894 zum Abbruch verkauft.

98 Rendsburg

Dort, wo einst Heer- und Ochsenwege die Eider kreuzten, entstand auf einer Flußinsel die 'Reinoldesburch', angelegt zum Schutze eines sich entwickelnden Marktfleckens, der bereits 1253 die Stadtrechte erhielt. In seiner wechselvollen Geschichte gehörte Rendsburg mal den Holsten, mal den Dänen. Die zentrale Lage und der Zugang zum Meer über die Eider, später auch über den alten Eider-Kanal und schließlich über den Nord-Ostsee-Kanal, spielten allzeit eine bedeutende Rolle. Die Abbildung zeigt die 1805 auf dem Neuwerker Wall hinter der Prinzenstraße (Königinbastion) erbaute Holländermühle. Am 29. Juni 1876 brannte die ganz aus Holz gebaute Windmühle ab.

Mühle auf dem Wall in Rendsburg

99   Bordesholm

Zur Entwässerung tief liegender Ländereien gab es recht unterschiedlich gebaute Entwässerungsmühlen. Die abgebildete Darstellung zeigt eine Windmühle, die zur Entwässerung einer Wiese bei Bordesholm eingesetzt wurde. Ähnlich konstruierte Entwässerungsmühlen sind auch aus Dänemark und England in Fotos und in der Mühlenliteratur überliefert.

100   Molfsee, Freilichtmuseum, Bockmühle

Die einzige Bockmühle unseres Landes steht im Schleswig-Holsteinischen Freilichtmuseum Molfsee. Sie stammt aus Algermissen und trägt die Jahreszahl 1766. Bis Ende des 17. Jahrhunderts prägten Bockmühlen das Bild unseres Landes; erst danach fand die Holländermühle hier Eingang. Die letzten Bockmühlen Schleswig-Holsteins standen in Ockholm (1946) und bei Damp (1947). Das abgebildete Foto von 1965 entstand beim Wiederaufbau der Bockmühle aus Algermissen im Schleswig-Holsteinischen Freilichtmuseum Molfsee. Da es in Schleswig-Holstein seit der Mitte dieses Jahrhunderts

keine Bockmühle mehr gab, wurde die Mühle aus Niedersachsen übernommen. Der Wiederaufbau der Bockmühle erfolgte mit Hilfe eines Richtbaumes (rechts im Bild).

101 Molfsee, Freilicht-museum, Bockmühle

Eine Windmühle ist eine be-wundernswert durchkonstru-ierte große, in Holz errichtete Maschine. Bei ihrem Aufbau steht das Technische vornan, bei den Bockmühlen noch mehr als bei den verschiede-nen Arten der Holländer-mühlen. Das schlichte Äußere der Bockmühle umschließt im Innern das durchdachte System, das über Jahrhunder-te geblieben ist. Mit einem Drehbalken, dem 'Steert', wird das ganze Mühlenhaus gedreht, um das Flügelkreuz in die günstigste Richtung zum Wind zu stellen. Der Hausbaum, um den die Müh-le gedreht wird, besteht aus Eiche und ist in Molfsee

65/65 cm dick. Die acht Stre-ben, die den Hausbaum stüt-zen, messen 26/26 cm bzw. 22/22 cm. Die Schwellen sind 30 cm breit und 50 cm hoch; sie ruhen auf Natur-steinsockeln. Das Fußgestell,

der 'Bock', gab diesem Müh-lentyp den Namen.

102 Molfsee, Freilicht-museum, Bockmühle

Zur Fertigstellung des ersten Bauabschnitts mit dreizehn Objekten öffneten sich am 19. Juni 1965 zum erstenmal die Türen des Freilichtmuseums für Besucher. Mit der Errichtung der ersten Häuser im Museum hatte man schon 1960 begonnen. 1995 hatten auf dem 60 ha großen Gelände mehr als sechzig Häuser aus allen Teilen des Landes einen Platz gefunden. Haus- und Hofformen aus dem 16. bis 19. Jahrhundert spiegeln in regionaler Zuordnung den Charakter ursprünglicher, ländlicher Siedlungsformen wider. Zu dem ländlichen Bauen früherer Zeiten gehörten auch die Mühlen. Drei Windmühlen und eine Wassermühle konnten ins Museum überführt werden. Die Bockmühle hat zwei Mahlgänge und einen Grützgang. Bei Windstärke 4 beträgt die Leistung etwa 8 kW.

103   Molfsee, Freilichtmuseum, Bockmühle

Das Sammeln von Briefmarken und anderen philatelistischen Belegen zählt zu den verbreitetsten Hobbys. Bei den Motivsammlern unter den Philatelisten sind Mühlen ein beliebtes Sammelgebiet. Es gibt sogar einen internationalen Verein mit mehreren Hundert Mitgliedern, der sich ganz speziell mit diesem Thema befaßt. Dieser Verein, mit Namen Windmill Study Unit (WSU), wurde 1974 gegründet. Einmal im Jahr treffen sich die Mitglieder zu einem Tauschtag mit Rahmenprogramm in Maarn/Niederlande. Viermal im Jahr kommt

das etwa 16 Seiten umfassende Vereinsbulletin Windmill Whispers (W/W) mit mühlenkundlichen Informationen ins Haus. 1981 hatte sich auch das Freilichtmuseum Molfsee mit einem Sonder

stempel des interessanten Themas 'Mühlen in der Philatelie' angenommen.

**104 Molfsee, Freilicht-
museum, Spinnkopfmühle**

Die letzte Spinnkopfmühle
Schleswig-Holsteins konnte
durch Überführung ins
Schleswig-Holsteinische Freilichtmuseum Molfsee gerettet
werden. Die ehemals zum
Senf mahlen verwendete
Mühle war 1884 aus Wilster
auf den Hof Witt in Fockendorf (Bd. 5, Abb. 48) versetzt
worden. Dort war sie durch
Gelenkwellen mit einem
Mahlwerk in der Diele des
Hauses verbunden. Als die
Mühle bei einem Sturm
schweren Schaden erlitt,
wollte sie Bauer Witt nicht
wieder instand setzen lassen.
So fand die Mühle 1966 ihren
Weg ins Freilichtmuseum
zum Wiederaufbau. Zusam-
men mit dem benachbarten
Barghaus aus Arentsee und
dem Heydenreich'schen Hof
aus Herzhorn repräsentiert
die Spinnkopfmühle charak-
teristische Baukultur der hol-
steinischen Elbmarschen.

105 Molfsee, Freilicht-
museum, Spinnkopfmühle

Ein Blick in das Innere der Spinnkopfmühle geht auf das Stirnrad und auf das Stockrad, das durch den senkrechten Klüver mit dem Mahlgang verbunden ist. Anders als in Fockendorf, wo der Mahlgang im nebenstehenden Gebäude untergebracht war, wurde beim Wiederaufbau der Mühle im Freilichtmuseum der Mahlgang direkt angeschlossen (Bd. 5, Abb. 49). Bodenstein und Läuferstein des Mahlgangs haben einen Durchmesser von 0,90 m. Da sich der Mahlgang zu ebener Erde befindet wurde für Steinhebevorrichtung und Absackeinrichtung eine mit Ziegeln gepflasterte Grube geschaffen. Das Stirnrad mißt 1,12 m und ist mit 55 Kämmen bestückt. Das Stockrad hat 33 Stöcke; sein Durchmesser beträgt 0,62 m. Bei Windstärke 4 erreicht die Mühle eine Leistung von etwa 4 kW.

106 Molfsee, Freilicht-museum, Holländermühle

Mit dem Aufbau eines Galerieholländers wurde das Mühlenprogramm des Freilichtmuseums – soweit es das Vermahlen von Getreide angeht – erfüllt. Die Mühle, deren Wiederaufbau im Foto gezeigt wird, stand vorher in Hollingstedt an der Treene (Bd. 2, Abb. 117). Dort war sie 1865 statt einer im benachbarten Bünge abgebrannten Mühle von Henning Thomsen erbaut worden. Thomsen verkaufte die Mühle 1880 an den Müllergesellen Peter Andresen aus Treia. 1940 wurde die Windmühle auf Motor umgestellt; sie verlor in der Folge Flügel und Kappe und stellte 1965 gänzlich den Betrieb ein. 1970 schenkten die Erben Andresen dem Schleswig-Holsteinischen Freilichtmuseum die Mühle. Das Foto (Oktober 1971) zeigt das Einsetzen der 42/44 cm dicken Königswelle.

107 Molfsee, Freilicht-
museum, Holländermühle

Der 1865 in Hollingstedt erbaute Galerieholländer hatte
ursprünglich eine Reetein-
deckung. Beim Abbau der
Mühle war deren Rumpf mit
Blech verkleidet. 1914 hatte
man den Steert durch eine
Windrose ersetzt und Jalou-
sieflügel montiert. Das Freilichtmuseum baute die Mühle
wieder in der alten Form mit
Reetbedachung und Flügel
für Segelbespannung. Das
Foto (1972) zeigt das Ein-
bringen der gußeisernen Rutenwelle, auf der das Kammrad fest verkeilt ist. Das
Kammrad hat einen Durch-
messer von 2,48 m und ist
mit 61 Kämmen bestückt. Sie
greifen in den kegelstumpf-
förmigen, mit 29 Stöcken
versehenen Bunkel, der sich
am oberen Ende der Königswelle befindet. Die Bremse,
die bei Betätigung auf das
Kammrad, das auch als
Bremsrad bezeichnet wird,
preßt, besteht aus Flachstahl
5/26 mm.

108 Molfsee, Freilicht-museum, Holländermühle

Die Flügel der Holländer-mühle in Molfsee bestehen aus den Bruststücken, die im gußeisernen Wellenkopf ver-keilt sind, und den 'Spitzen', die an die Bruststücke ange-scherft werden (Foto). Auf der Flügelgegenseite ist der Windrosenbock zu erkennen. Der einstöckige Unterbau der Mühle hat die Form eines achteckigen Pyramiden-stumpfes. Dessen Durchmes-ser beträgt an der Basis (Ab-sackboden) 8,85 m. Das Mauerwerk des Unterbaues ist 50 cm dick und besteht außen aus roten Ziegeln. Der gemauerte Drempel beginnt oberhalb der Galerie, in Höhe des Steinbodens und ist 1,50 m hoch und 40 cm dick. Die Mühle hat von unten nach oben folgende Böden: 1. Ab-sackboden (zu ebener Erde), 2. Steinboden, 3. Stirnradbo-den, 4. Lojerieboden, 5. Kappboden.

109 Molfsee, Freilicht-museum, Holländermühle

Geht man durch eine der beiden zweiflügeligen Türen ins Innere der Holländermühle betritt man den Absackboden. Hier geben Mühlenmodelle und Informationstafeln dem Besucher Einblicke in Mühlentechnik und -geschichte. Über eine Treppe erreicht man den Steinboden, auf dem sich drei Mahlgänge und ein Steinkran befinden. Drei Türen führen von hier auf die Galerie. Der Stirnradboden beherbergt die Kraftzentrale. Vier Stockräder können in den Kranz aus 129 Kämmen des 3,10 m messenden Stirnrades eingekuppelt werden und die Kraft auf drei Mahlgänge und eine Transmission übertragen. Auf dem Lojerieboden befindet sich die Sackwinde. Vom Kappboden hat man Zugang zu wichtigen Schmierstellen (Wellenlager, Drehkranz, Windrosengetriebe).

110 Levensau, Rathmannsdorfer Mühle

Um 1827 war nördlich des alten Eider-Kanals eine Holländermühle des Gutes Rathmannsdorf erbaut worden (Bd. 6, Abb. 102). Als von 1887 bis 1895 der Nord-Ostsee-Kanal gebaut wurde, mußte die Mühle weichen. Man setzte sie ein Stück nach Nordwesten an die Chaussee nach Eckernförde. Die abgebildete Ansichtskarte, zwei Jahre nach der Eröffnung des Nord-Ostsee-Kanals versandt, zeigt aus Blickrichtung Kiel die Levensauer Hochbrücke und im Hintergrund die Windmühle. 1912 mußte die Mühle erneut weichen; diesmal der inzwischen übermächtig gewordenen Kon-kurrenz. Mühlenbauer Heinrich Matz aus Gettorf brach die Mühle ab.

Hochbrücke bei Levensau

**111 Kleinwaabs, Ludwigs-
burger Mühle I und II**

Die 'Karte vom Kriegsschau-
platz in Schleswig, Section XI
Eckernförde' von F. Geerz,
von 1850, zeigt bei Kleinwaabs zwei Windmühlen des
Gutes Ludwigsburg. Wolfgang
Scheffler geht in seinem Buch
'Mühlenkultur in Schleswig-
Holstein' näher auf die Ludwigsburger Mühlen ein.
Demnach handelt es sich um
die Ludwigsburger Wind-
mühle I, eine Bockmühle, die
um 1870 in Kleinwaabs abgebrochen und in Dörphof (Bd.
6, Abb. 112) wieder aufgebaut wurde, sowie um die
Ludwigsburger Windmühle
II, ein Zwickstellholländer

(Bd. 3, Abb. 120), dessen ge-
mauerter Unterbau noch vorhanden ist.

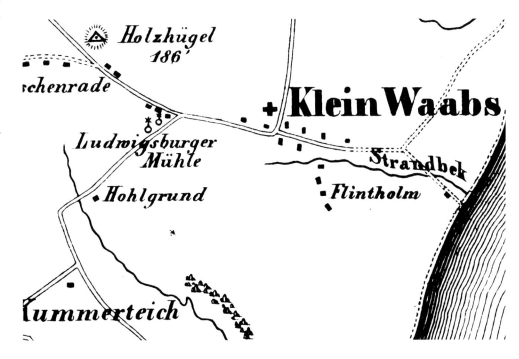

112   Schubymühle

Laut Pachtkontrakt vom 3. Juli 1835 verpachtete Graf von Moltke auf Grünholz die zum Gut Grünholz gehörende Schubymühle mit den dazugehörigen Gebäuden und 22 Tonnen Land von Maitag 1835 bis dahin 1885 an die Eheleute Georg und Margaretha Schütt. Nach dem zur Übergabe an den Pächter Schütt gefertigten Inventar, hatte die Holländermühle zwei Graupengänge, einen Mahlgang und einen Grützgang. Nach Ableben des Müllers Georg Heinrich Schütt übernahm 1853 dessen Sohn Jürgen Hinrich Schütt die Mühle. 1864 brannte die Mühle ab. Die Mühle wurde wieder aufgebaut, brannte aber 1892 wiederum ab. Danach wurde ein nüchterner Backsteinbau mit anschließender Wohnung, Pappdach und Windmotor errichtet. Der Windmotor wurde 1928 durch einen Rohölmotor ersetzt.

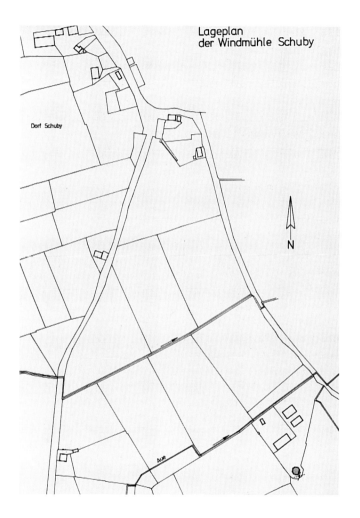

Lageplan der Windmühle Schuby

Dorf Schuby

N

113 Bienebek

Südwestlich des Gutes Bienebek wurde 1774 ein Erdhol-
länder als Roggen- und Graupenmühle als Ersatz für eine
Bockmühle errichtet. In einem Verzeichnis der Hand-
werker und Nahrungstreiben-
den des Gutes Bienebek wird
1741 ein Windmüller Hin-
rich Adolph Nissen erwähnt.
Die Abbildung zeigt einen
Grundriß der Holländermühle, aufgenommen durch den
Maurermeister Johann Ch.
Berg aus Kappeln am 5. Februar 1780. Im Jahre 1851
wurde ein neuer Erdhollän-
der erbaut. Diese Mühle hatte
einen Roggen-, einen Schrot-
und einen Schälgang. Im Dezember 1923 wurde die hoch
auf dem Schleiufer stehende,

weithin sichtbare Windmühle
abgebrochen. Sie war so baufällig geworden, daß sich eine
durchgreifende Instandset-
zung nicht mehr lohnte.
(Abb.: LAS Abt. 402. A.26, Nr.
72.)

114 Bünge

Am 26. Februar 1794 wurde den Bauervögten Marten Hensen und Claus Laß zu Bünge die 'Königliche Allerhöchste Concession zur Anlegung und Benutzung einer achteckigen Wind-Graupenmühle bei dem Dorfe Bünge gegen Erlegung einer jährlichen Rekognition von 14 Reichstalern' erteilt. Mit einer Konzession vom 29. Juli 1795 wurde den Eigentümern die Anlegung eines Mehlgangs zum Weizen-, Roggen- und Gerstenmahlen zugestanden. Nach dem Ableben des Marten Hensen und des Königs Christian VII. erhielt Claus Laß 1809 die Bestätigung der Konzessionen als alleiniger Besitzer und Eigentümer der Mühle. Unterm 11. Juli 1832 wurden Professor Hensen aus Schleswig als Eigentümer der Mühle die Konzessionen bestätigt. 1865 ist die Mühle abgebrannt. (LAS Abt. 66, Nr. 2196 II.)

115   Schleswig, Alter Garten

Der Bildausschnitt aus dem 'Panorama der Stadt Schleswig vom Standpunkt des Mövenbergs' aus dem Buch 'Geschichte und Beschreibung der Stadt Schleswig' von Johannes von Schröder von 1827 zeigt einen Blick auf die Windmühle auf dem Gelände des 'Alten Gartens' bzw. Gaswerks, nun teilweise vom Wikingturm und Wohnhäusern bebaut. Einer 'Beschreibung der vor Gottorff in Schleswig belegenen Königlichen Erbpachts-Wassermühle, der auf dem s.g. alten Garten neu erbaueten Eigenthums-Wind-Oel-Mühle…' ist zu entnehmen, daß die bis zur Galerie 24 Fuß hohe Windmühle zwei Schellgänge, zwei Mehlgänge und einen Ölschlag hatte. Die 1832 von Lundt anstelle einer abgebrannten Vorgängerin erbaute Mühle war bis 1855 in Betrieb. Müller Behnke ließ sie danach abbrechen.

116 Schaalby

Ein Kulturdenkmal besonderer Art ist die funktionsfähige Wassermühle in Schaalby. 1464 wird die Mühle erstmalig urkundlich erwähnt. Damals ging die Mühle mit dem Dorf Schaalby in den Besitz des St.-Johannis-Klosters Schleswig über. Da die Mühle über nur geringe Wasserkraft verfügt, ließ 1833 Peter Hinrich Seemann südwestlich der Wassermühle eine Windmühle bauen. 1871 wurde die Windmühle nach Geelbyholz (Bd. 1, Abb. 95) verkauft. 1919 übernahm der Müller Wilhelm Kall durch Einheirat die Schaalbyer Wassermühle, die er nach dem Zweiten Weltkrieg seinen Söhnen übertrug und die heute von Johannes Kall liebevoll erhalten und gepflegt wird. Von 1920 bis 1939 befand sich auf dem Dach der 1842 neu gebauten Wassermühle ein Windrad.

117   Beveroe

Rittmeister v. Hobe, Baron von Geltingen, hatte 1824 mit der Eindeichung des Geltinger Moors begonnen und zum Zwecke der Entwässerung 1826 auf dem Damm eine holländische Windmühle erbaut, die auch als Kornmühle diente und den Namen 'Charlotte' erhielt (Bd. 1, Abb. 104). Die Mühle erwies sich in den folgenden besonders niederschlagreichen Jahren als unzureichend. Baron v. Hobe ließ deshalb 1832 weiter nördlich eine mit einer Schnecke versehene Kokermühle erbauen. Nachdem 1852 ein Herr Jebsen Beveroe, Vorwerk des Gutes Gelting, gepachtet hatte, ließ dieser neben der Kokermühle eine Holländermühle errichten, um das Binnenwasser auszupumpen. Im Lageplan von 1878 sind die damals auf der Geltinger Birk vorhanden gewesenen beiden Mühlen eingezeichnet.

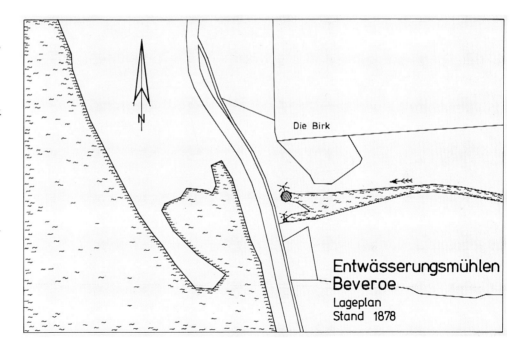

Die Birk

Entwässerungsmühlen
Beveroe

Lageplan
Stand 1878

118 Meyn

'Meyn Mühle 1900', lautet die Inschrift auf dem weiß gestrichenen Mauerwerk der an der Dorfstraße in Meyn gelegenen Wassermühle. In dem Jahre wurden an der Anlage größere Umbauten vorgenommen. Die älteste Nachricht der an der Meynaue gelegenen Wassermühle wird in einer Dingswinde der Wiesharde wegen des Meyner Mühlenstroms vom 26. August 1433 überliefert. 1743 erhielt Metta Johannsen, Witwe des Erbpachtmüllers Gottburg Caspersen, die Konzession zum Bau einer Eigentumswindmühle, die 1743 unweit der Wassermühle als Bockmühle errichtet wurde und in der sich seit 1809 eine konzessionierte Pellerei befand. Um 1875 verkaufte der damalige Mühlenbesitzer Adolph Fries die Windmühle nach Eggebek. Die Wassermühle war bis 1950 in Betrieb.

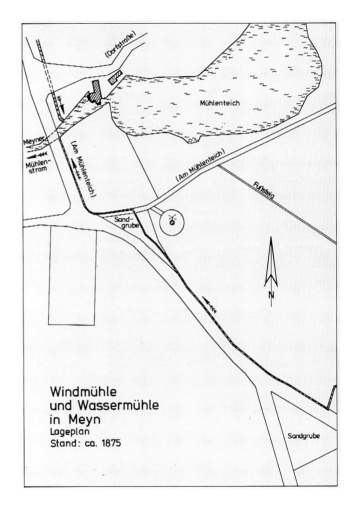

Windmühle
und Wassermühle
in Meyn
Lageplan
Stand: ca. 1875

119 Flensburg, Backens-Mühle

Am 15 Mai 1830 erhielt der Ölmüller Johann Backens zwei Binnenlücken am Ekkernförder Weg in Erbpacht, um darauf mit königlicher Genehmigung eine Ölwindmühle zu erbauen. 1844 übernahm sein Sohn Jacob Marquard Backens die Mühle. Als das Ölgeschäft stark zurückging. bemühte sich Backens vergeblich um Genehmigung zur Anlegung eines Grütz- und Graupenwerks in seiner Mühle. Er ging 1856 in Konkurs. Aus der Konkursmasse kam das Anwesen an die minderjährige Tochter Marie Sophie Alwine Backens. Sie erhielt 1858 die Genehmigung zur Benutzung eines Grütz- und Graupenwerks in der Ölmühle. Aber auch sie konnte die Mühle nicht halten. Die Stadt Flensburg erwarb das Gewese und errichtete an derselben Stelle ein Armenhaus.

Verzeichnis der Mühlenstandorte Band 8

Verzeichnis der Mühlenstandorte Band 1-8

Verzeichnis der Mühlenstandorte Band 1-8 geordnet nach Kreisen in alphabetischer Reihenfolge der Ortsnamen

Kreis Nordfriesland

Achtrup 1/1
Achtrupfeld 6/5
Ahrenviöl 2/10
Alkersum 3/3
Alt Augustenkoog 8/24
Arlewatt 6/13
Bargum 3/9
Blumenkoog 6/8
Borgsum 3/4; 7/1-6
Borsthusen 7/31
Braderup 6/4
Bredstedt 2/8; 4/8
Brunottenkoog 8/2
Christ.-Albr.-Koog 5/5; 7/10
Dagebüll 7/11
Drage 5/21
Drelsdorf 3/13; 5/10
Emmelsbüll 1/4
Emmelsbüll-Horsbüll 5/6-7
Enge 6/7; 7/15
Fahretoft 7/13
Fischerhäuser 7/8
Friedrichstadt 3/17
Garding 1/22; 3/20; 7/28
Goldebek 6/9
Goting 3/5
Gotteskoog 5/4
Gröde 2/6
Haselund 5/12
Hattstedt 3/15; 5/13-15
Hemmerdeich 5/20

Hooge 2/7; 5/8-9
Hude 4/12
Hülkenbüll 7/29
Husum 1/18-19; 8/12-19
Joldelund 4/10
Juliane Marienkoog 7/12
Kating 6/18
Keitum 1/7; 6/3
Klanxbüll 7/9
Kleihörn 8/23
Kleiseerkoog 8/3
Kleiseerkoog-Maasbüll 4/6
Klixbüll 1/3
Klockries 4/4
Koldenbüttel 6/17
Kotzenbüll 4/14
Ladelund 2/1
Langeneß 1/5; 6/10-11; 8/10-11
Langenhorn 1/16; 3/11; 8/8
Leck 1/2
Lindholm 4/5
List/Sylt 6/2
Mönkebüll 3/10
Morsum 3/2
Munkmarsch 1/6
Nebel 1/12-13
Neu Augustenkoog 8/25
Neukirchen -Fegetasch 4/1
Neukrug 5/19
Niebüll 1/5

Nordstrand 1/14; 3/6; 4/9; 5/16-17
Ockholm 2/9
Oldsum 4/3
Oevenum 1/10
Oldenswort 3/18; 7/21
Oldersbek 6/16
Ostenfeld 4/11
Osterhever 7/26
Pellworm 2/4-5; 7/16-19
Ramstedt 8/21
Rantrum 8/20
Risum 3/8
Rodenäs 3/1
Rödemisfeld 6/15
St. Peter 1/23; 3/21; 6/19
Schäferhallig 7/14
Schwabstedt 4/13
Seeth 8/22
Sophie-Magdl.-Koog 6/12
Stadum 8/1
Stedesand 6/6
Steenodde 7/7
Sterdebüll 3/12
Stollberg 1/17
Struckum 3/14
Süddorf 1/11
Süderlügum 5/1
Süderoog 3/7
Tating 2/11; 4/15
Tetenbüller Trockenkoog 7/24-25

Tinnum 4/2
Tönning 1/21
Toftum auf Föhr 2/3
Uhlebüll 6/1
Uphusum 8/9
Utersum 8/4
Viöl 5/11
Vollerwiek 7/30
Warmhörn 5/18
Waygaard 4/7
Welt 3/19
Westerhever 7/27
Wester-Ohrstedt 6/14
Wimmersbüll 5/2-3
Winnert 3/16
Witzwort 7/22-23
Wrixum 2/2; 8/5
Wyk 1/8-9; 8/6-7

Kreis Dithmarschen

Albersdorf 5/41
Altenkoog 6/39
Averlak 4/38; 7/65
Bargenstedt 1/34
Barlt 2/28-31; 4/29; 8/35
Barsfleth 2/22
Blankenmoor 5/27
Böddinghusen 8/26
Brunsbüttel 1/39; 4/40-41; 6/38; 7/66-67
Buchholz 5/45
Büsum 2/21
Büsumer Deichhausen 7/42

Auflistung der Windmühlen, die 1854 (Aufhebung des Mühlenzwangs in Holstein) oder zu einem späteren Zeitpunkt bestanden haben, aber im Abbildungsteil von Band 1-8 nicht erfaßt sind.

Für Hinweise auf etwaige hier nicht aufgeführte Windmühlen aus dem erwähnten Zeitraum wäre der Verfasser dankbar.
In die Auflistung nicht aufgenommen wurden die zahlreichen Entwässerungsmühlen, die früher in Schleswig-Holstein bestanden haben.

Kreis Nordfriesland
Herrenhallig, 1790 bis ca. 1870
Hoyerswort
Klixbüll, Bockmühle, bis ca. 1900
Ladelund, Bockmühle
Leck
Norderfriedrichskoog, 1746-1876
Poppenbüll, Bockshörn, St. Johanniskoog
Poppenbüll, Diek-Poppenbüll
Witzwort-Büttel

Kreis Dithmarschen
Burg, Sägemühle, 1883-1887

Kreis Segeberg
Borstel

Hansestadt Lübeck
Lübeck, St. Jürgen, Kronsforder Allee
Lübeck, Struckmühle

Kreis Ostholstein
Avendorf, 1625-1857
Wulfen, Bergmühle, 1708-1857

Kreis Rendsburg-Eckernförde
Bokel
Gettorf
Hohenwestedt-Nord
Kirchhorst (Gem. Groß Wittensee)
Klein Vollstedt
Langwedel, Papiermühle, 1860-1866
Meezen

Neu Nordsee
Schmalstede

Kreis Schleswig-Flensburg
Altseegaard, Bewässerungs- und Knochen-
   mühle, 1845 bis ca. 1872
Birzhaft, 1872 erbaut, 1872 abgebrochen
Buckhagen, Lohmühle, 1867 erwähnt
Ellgaard, Bockmühle, 1860 abgebrochen
Freienwillen, Ölmühle, 1833-1876
Glücksburg, 1824 erwähnt, 1871 abgebro-
   chen
Großjörl, nach 1869 erbaut, 1913 abgebro-
   chen
Haarmark, 1861-1868
Hesselmühle
Mehlbyholz, 1885 erwähnt
Norderfeld, 1877 von Stießberg hierher ver-
   setzt
Norderfeld, Kokermühle, Schrotmühle, bis
   1907
Rabelsund, 1816-1868
Rurup
Schleswig, Hühnerhäuser
Schleswig, Schubystraße
Steinberg, Kokermühle, Borkmühle, 1898
   nach Steinberg-Flintholm verkauft
Steinberg-Flintholm, 1898 von Steinberg,
   1930 abgebrochen

Stießberg, 1877 nach Norderfeld versetzt
Wormshöft, Korn- und Entwässerungsmühle,
   1854 und 1871 erwähnt.

Stadt Flensburg
Flensburg, Adelbylund-Mühle, Sägemühle,
   1876-1878
Flensburg, Engelsby-Mühle, Ölmühle, 1846-
   1856
Flensburg, Harrisleer Str., St. Marien-Mühle,
   1791-1868
Flensburg, Holländermühle des Bildhauers
   Klewing, zum Sägen, Schleifen und Polie-
   ren von Granit, 1855 bis nach 1867
Flensburg, Wilhelmstraße, Kohlenmühle der
   Maschinenfabrik und Eisengießerei N. Jep-
   sen Sohn, 1860er Jahre vorhanden
Flensburg, Wrangelstraße, bis ca. 1880

Übersicht (nicht vollständig) über in Schleswig-Holstein noch vorhandene Windmühlen

Kreis Nordfriesland
Achtrup 1/1
Bargum 3/9
Borsum/Föhr 3/4, 7/1-6
Garding 3/20
Joldelund 4/10
Nebel/Amrum 1/12-13
Nordstrand-Süderhafen 4/9
Oldsum/Föhr 4/3
Pellworm, Nordermühle, 2/4
Struckum 3/14
Süddorf/Amrum 1/11
Wrixum/Föhr 2/2, 8/5
Wyk/Föhr 1/8-9
Wyk Föhr, Bockmühle, 8/6-7

Kreis Dithmarschen
Barlt 2/28-31
Dellstedt 3/26-27
Dörpling 6/22
Eddelak 1/38
Friedrichskoog 2/38
Hemmingstedt 2/23
Hochdonn 6/37
Marner Neuenkoogsdeich 4/39
Meldorf, Nordermühle 1/32
Meldorf. Südermühle 3/30
St. Michaelisdonn-Hopen 2/35
Süderhastedt 2/26
Weddingstedt 2/13
Westerdeichstrich 5/31
Wöhrden 4/24

Kreis Steinburg
Beidenfleth 1/47
Honigfleth 7/81-87
Kollmar 4/55
Wilster-Rumfleth 3/44

Kreis Segeberg
Götzberg 2/69

Kreis Stormarn
Braak 4/76-77
Schönningstedt 3/71, 8/54-55

Kreis Herzogtum Lauenburg
Alt Mölln 2/81, 8/59-61
Hamfelde 2/79
Kogel 3/76
Lauenburg/Elbe 2/76

Kreis Ostholstein
Brodau 2/88
Eutin 1/70
Farve 3/90
Lemkenhafen 3/92
Petersdorf 6/87

Kreis Plön
Grebin 2/99
Husberg 7/121
Klein Barkau 4/102
Krokau 3/99
Langenrade 1/75, 8/87
Schönberg 2/96

Kreis Rendsburg-Eckernförde
Gettorf 1/91
Groß Wittensee 2/113
Molfsee, Freilichtmuseum,

Bockmühle 8/100-103
Spinnkopfmühle 8/104-105
Holländermühle 8/106-109
Norby 4/121
Nübbel 2/108
Todenbüttel 5/119

Kreis Schleswig-Flensburg
Beveroe 1/104
Fahrdorf 3/128
Kappeln 1/98-99
Lindau 4/126
Meggerkoog 5/128-129
Munkbrarup 3/138-141
Nübelfeld 2/128
Schwensby 1/107
Tarp 1/111
Westerholz 2/130

Stadt Flensburg
Bergmühle 2/135
St. Johannismühle 3/143

Bei den aufgeführten Windmühlen handelt es sich um Holländermühlen mit Ausnahme von:
Honigfleth, Kokermühle, 7/81-87
Molfsee, Bockmühle, 8/100-103
Molfsee, Spinnkopfm., 8/104-105
Wyk/Föhr, Bockmühle, 8/6-7.

Zahlreiche Mühlen wurden im Verlauf ihrer Lebensdauer unterschiedlich genutzt oder der Nutzungszweck wurde erweitert oder reduziert; so wurden zum Beispiel zahlreiche Graupenmühlen um einen Mahlgang erweitert, oder es wurde später die Graupenherstellung zugunsten der Mehl- und Schrotherstellung gänzlich eingestellt. Andererseits wurden auch Kornmühlen mit einem Graupengang ausgerüstet. Nachstehend einige Beispiele für Nutzungsänderungen:

– Lemkenhafen, 3/92, 1787 als Grützmühle erbaut, später Kornmühle;
– Nübelfeld, 2/128, 1841 als Ölmühle erbaut, ab etwa 1890 Kornmühle;
– Glückstadt, 2/50, 1763 als Sägemühle erbaut, ab 1804 Kornmühle.

Die Zuordnung in der nachstehenden Aufstellung erfolgt nach der überwiegenden Nutzung.

Kornmühlen
Alle Mühlen außer den nachstehend aufgeführten

Graupenmühlen
Elmshorn 1/57
Kiel 5/108-109
Morsum 3/2

Grützmühlen
Blunk 5/70-72

Malzmühlen
Friedrichstadt 3/17

Ömühlen
Flensburg, Backensmühle, 8/119
Flensburg, Bellevue, 5/142
Flensburg, Deckens M., 1/115
Flensburg-Duburg 7/139
Flensburg, Fromm's Mühle 4/143
Flensburg-Kielseng 4/142

Flensburg, Rote Mühlen, 6/140
Garding 7/28
Heide 7/50

Lohmühlen
Heide 7/55
Holtdorf 6/98
Husum 8/18
Kellinghusen 5/57-59
Lübeck 6/72-73, 7/105
Meldorf 7/57
Oldenburg i.H. 5/95
Preetz 7/119
Uetersen 8/44

Sägemühlen
Bordesholm 6/100
Burgstaaken 6/84
Elmshorn 1/56, 6/55-59
Estrup 7/137
Eutin 8/71
Hennstedt/Dithm. 8/29
Hohenwestedt 4/112-113

Itzehoe 8/45
Kiel 2/102-103
Langenhorn-Loheide 3/11
Lütjenburg 7/116
Plön 1/74
Süderheistedt 6/24
Uetersen 5/64
Wacken 6/44

Kalkmühlen
Bad Segeberg 1/60-61

Schöpfmühlen
Alt Augustenkoog 8/24
An der Stör 2/45
Averfleth 4/50
Beveroe 8/117
Blumenkoog 6/8
Bordesholm 8/99
Brunottenkoog 8/2
Burg/Dithm. 6/36
Burger Au 4/36-37
Dellstedt 7/44-46

Dwerfelder Wettern 4/52
Ecklak 4/45
Erfde 3/122-123
Flethsee 4/49
Gotteskoog 5/4
Hohenfelde-Niederreihe 4/56
Honigfleth 7/81-87
Kleiseerkoog 8/3
Klein Nordende 7/93
Meggerkoog 5/128-129
Neuendorf 7/88-89
Neuendorf-Sachsenbande 4/47
Neukrug 5/19
Ostrohe 4/19-21
Schotten 7/80
Seestermühe 5/63
Vaalermoor 4/44, 8/40-41
Wilstermarsch 1/43-45, 2/42-44, 3/46-51, 6/50, 7/72-79, 8/42-43

Salinenmühlen
Bad Oldesloe 5/76-77

NAMENREGISTER DER MÜLLER

Abel, 1896: Barmstedt 2/52
–, F., 1901: Kaden 4/71
–, Friedrich Christopher, 1834: Perdöl 8/85
Ahrens, David, 1796: Groß Grönau 4/85
–, Emil: Großenwiehe 4/39
Alberts, Albert Jacob, 1778: Witzwort 7/22
–, Albert Jacob, 1865: Witzwort 7/22
–, John, 1822: Witzwort 7/22
Alex, Paul, 1951: Großquern 5/140
Andersen, Johann Friedrich, 1884: Kisdorf
  3/65
Andresen, 1870: Ahrenviöl 2/10
–, 1866: Warmhörn 5/18
–, Carsten Broder, 1879: Wyk 1/8
–, Claus, 1828: Flensburg, Bellevue, 5/142
–, Cornelius Adolf, 1947: Borgsum 3/4
–, Hans Nickels, 1776: Luschendorf 7/109
–, Hans Nicolai, 1743: Kiel, Graupenmühle,
  5/108-109
–, Heinrich, 1893: Süddorf 1/11
–, Heinrich 1913: Heuwisch 8/27
–, Heinrich Hans Theodor, 1906: Grömitz
  4/91
–, J.F., 1901: Boholzau 1/94
–, Peter, 1880: Hollingstedt (SL) 2/117
–, Thomas, 1965: Hollingstedt (SL) 2/117
Appel, Hermann, 1957: Hochdonn 6/37
–, Johannes, 1920, Hochdonn 6/37
Arens, Johann Friedrich: Treia 3/126
Arp, Friedrich, 1919: Alkersum 3/3
–, Heinrich 1913: Schafstedt 8/34
–, Jürgen, 1859: Treia 3/126

Asbahr, August, 1909: Rantzau 5/102
Asmussen, Heinrich, 1907: Eggebek 5/137
–, Wilhelm Friedrich, 1920: Ahneby 6/133
Assmann, Max, 1890: Schönningstedt 8/54

Backens, Jacob Marquard, 1844: Flensburg
  8/119
–, Johann, 1830: Flensburg 8/119
Bäthjer, Heinrich Andreas, 1877: Busen-
  wurth-Süd 7/58
Bahms, Ove, 1738: Witzwort 7/22
Bahr, Daniel, 1802: Neustadt i.H. 8/74
Banneck: Wormshöft 1/102
–, Marcus, 1869: Bobeck 1/103
Bech, 1920: Burg/Dithm. 3/41
Beckmann, Heinrich, 1888: Neumünster-
  Brachenfeld 2/100
Beeck, Hans: Rehbergstraße 6/119
–, Franz, 1875: Eggebek 5/137
Behnke, 1855: Schleswig 8/115
Behnken: Behnkenmühlen 8/84
Behrens, 1909: Averlak 4/38
–, Ewald, 1926: Wacken 6/45
–, Jakob, 1924: Lehe 7/33
–, Johann, 1909: Nindorf/Dithm. 8/33
Bendfeldt: Neustadt i.H. 8/75
Bendixen, Hans, 1892: Brunsholm 3/134
Bergfleth, Hermann, 1909: Krumstedt 4/32-
  33
–, Willi, 1911, Krumstedt 4/32-33
Beuge, Hermann, 1928: Kollow 6/67
Beusen, Asmus, 1921: Gelting 6/130
Beyer, Heinrich Mathäus, 1877: Burg a.F.
  1/72

Bielefeldt, Claus, 1852: Sommerland 3/54
  1863: Dückermühle 8/47
  1871: Horst i.H. 8/46
Bielenberg, 1901: St. Michaelisdonn 2/33
–, Hugo, 1970: St. Michaelisdonn 2/33
–, Johannes Albrecht, 1920: Kiel-Demühlen
  3/102
Bielfeldt, Wilhelm, 1935: Lübeck-Großstein-
  rade 3/82
Blaas, August, 1879: Heide 7/52
Blöcker, Heinrich, 1900: Bothkampermühle
  1/77
–, J.C., 1848: Merkendorf 6/78
–, Wilhelm, 1910: Merkendorf 6/78
Blunck, D., 1899: Wattenbek 5/112
Bock, 1899: Glückstadt 2/50
Börm, Claus: 1865: Christiansholm 5/120
Böttcher, Joh. Daniel Ludwig, 1852: Bad
  Schwartau 5/91
Bohn, Arfst, 1962: Wrixum 8/5
Bohnsack, 1892: Neustadt i.H. 8/75
Boje, Heinrich, 1862: Brunsbüttel-Oster-
  moor 7/67
Bornhold, Detlef, 1927: Lieth 4/27
–, Friedrich: Lieth 4/27
Bornholdt: Barmstedt, Rantzau-Mühle 7/92
–, 1985: Heide 6/27
–, Johann Friedrich, 1869: Windbergen 3/32
–, J. 1910: Elpersbüttel 1/35
–, Otto, 1921: Windbergen 3/32
Bossen, H.: Uphusum, 8/9
Boysen, Asmus, 1878: Flatzbyholz 5/138
–, Hans, 1855: Flatzbyholz 5/138
–, Hans Christian, 1909: Flatzbyholz 5/138

NAMENREGISTER DER MÜHLENBAUER

BILDNACHWEIS

Claus Bohn, Poppenbüll: 24
Gerhard Ciganek, Stadum: 1
Karl Hermann Hues, Diekhusen-Fahrstedt: 37
Uwe Karstens, Langenrade: 54, 64, 86, 87
Kieler Stadt- und Schiffahrtsmuseum: 89, 91
Günter Knechties, Husum: 21
Kreisarchiv Nordfriesland, Husum: 16
Landesamt für Denkmalpflege, Kiel: 57, 115
Landesarchiv Schleswig: 12, 14, 15, 47, 74,
  78, 79, 113, 114
Helge Lehmkuhl, Fassensdorf: 69
Gerhard Mau, Nindorf: 33
Möllner Museum, Historisches Rathaus,
  Mölln: 58
Museum für Kunst und Kulturgeschichte der
  Hansestadt Lübeck: 63
Norddeutsches Druckmuseum und Histori-
  sches Museum Rendsburg: 98, 99
Ostholstein Museum, Eutin: 68, 70
Hans-Peter Petersen, Hamburg: 29
Schleswig-Holsteinisches Freilichtmuseum,
  Molfsee: 106-108
Schleswig-Holsteinische Landesbibliothek,
  Kiel: 84
Stadtarchiv Flensburg: 119
Stiftung Nordfriesland, Husum: 6
Nicholas Wessel, Alt Mölln: 59, 60
Die Abbildungen 4, 8, 9, 20, 22, 25, 26, 27,
  30, 45, 50, 56, 62, 65, und 96 sind Aus-
  schnitte aus den Karten 1:25 000 der Kö-
  nigl. Preuß. Landesaufnahme von 1878,
  herausgegeben 1880. Die Karten wurden
  im Maßstab vergrößert und enthalten zum
  Teil redaktionelle Eintragungen des Verfassers. Die Vervielfältigung erfolgt mit
  freundlicher Genehmigung des Landesver-
  messungsamtes Schleswig-Holstein vom
  16. November 1995, 30-562.6 S 596/95.

AUSGEWÄHLTE LITERATUR

A. Mühlenliteratur

Drube, Friedrich: *Mühlen in Schleswig-Holstein.*
  Kiel 1935.
Heesch, Walter: *Windmühlen in Schleswig-Holstein*
  in alten Ansichten, Bd. 1-7. Zaltbommel/Nie-
  derlande 1985-1994.
Karstens Uwe: *Wind, Korn und Wasser. Von Müllern*
  und Mühlenbauern im Kreis Plön. Großbarkau
  1990.
Karstens, Uwe: *Die Langenrader Mühle. Geschichte*
  und Gegenwart. Langenrade 1994.
Nissen, Nis R. (Hrsg.): *Glück zu! Mühlen in Schles-*
  wig-Holstein. Heide 1981.
Petersen, Hans: *Geschichte der Mühlen zwischen Eider*
  und Königsau. Neumünster 1988
Petersen, Hans-Peter: *Schleswig-Holsteinisches*
  Windmühlenbuch. Wesselburen und Hamburg
  1969.
Pöge, Gottfried: *Die Wind- und Wassermühlen des*
  Kreises und der Stadt Flensburg. Schleswig 1980.
Pump, Günter, Nis R. Nissen: *Windmühlen an der*
  Nordseeküste. Heide 1993.
Rump, Reiner: *Die Mühlen in Stormarn.* Hamburg
  1992
Scheffler, Wolfgang: *Mühlenkultur in Schleswig-*
  Holstein. Neumünster 1982.
Stüdtje, Johannes: *Mühlen in Schleswig-Holstein.*
  Heide, 4. Aufl. 1982

Thormann, Rudolf M.G.: *Mühlen um Lübeck.Wasser- undWindmühlen vom 13. bis zum 19.Jahrhundert.* Lübeck 1993.

Weiß, Rüdiger: *75 Jahre Innung für das Müllerhandwerk Schleswig.* Schleswig 1996.

B. Literatur zur Heimat- und Landeskunde

Beschowetz-Iserholt, Marion: *750 Jahre Schönwalde am Bungsberg.* Schönwalde 1990.

Busche, Ernst: *Flecken und Kirchspiel Neumünster.* Neumünster 1968.

Chronik der Gemeinde Sommerland e.V. (Hrsg.): *Chronik der Gemeinde Sommerland.* Sommerland 1992.

Gemeinde Poppenbüll (Hrsg.)– *Poppenbüll. Ein Dorf imWandel der Zeiten. 1000 Jahre St. Johannis-Koog.* Poppenbüll 1987.

Gravert Johannes: *Die Bauernhöfe zwischen Elbe, Stör und Krückau mit den Familien ihrer Besitzer in den letzten 3 Jahrhunderten.* Glückstadt 1929.

Hanstedt, C.: *Chronik von Bordelum und den Fürstlich Reußischen Kögen.* Bordelum 1899.

Holstenfeld-Hamberge. Lübecker Heimathefte 8/9. Lübeck 1929.

Irmisch, Rudolf: *Die Geschichte der Stadt Itzehoe.* Itzehoe 1960.

Jarchow, Otto: *Aus der Geschichte Ostholsteins. Ein Heimatbuch.* Klingberg 1978.

Jensen, Wilhelm: *Heiligenhafen. Das Ostseebad im Winkel.* Lübeck 1949.

Jensen, Wilhelm: *Trenthorst. Zur Geschichte der Lübschen Güter.* Neumünster 1956.

Johannsen, Carl Ingwer (Hrsg.) *Führer durch das Schleswig-Holsteinische Freilichtmuseum.* Neumünster 1994.

Kamphausen, Alfred: *Das Schleswig-Holsteinische Freilichtmuseum. Häuser und Hausgeschichten.* Neumünster 1978.

Klöcknig, Johannes: *DieWakenitz.* Lübecker Heimathefte 1/2. Lübeck 1926.

Lütjohann, Hermann: *Alt-Neumünster. Geschichte der Stadt und ihrer Umgebung.* Neumünster 1953.

Müller, Uwe: *Kücknitz. Ein Stadtteil imWandel vom Klosterdorf zum Industrierevier.* Lübeck 1987.

Müller, Uwe: *St. Gertrud. Chronik eines vorstädtischen Wohn- und Erholungsgebietes.* Lübeck 1986.

Oldekop, Henning: *Topographie des Herzogtums Holstein, Band I und II.* Kiel 1908.

Oldekop, Henning: *Topographie des Herzogtums Schleswig.* Kiel 1906.

Philippsen, H.: *Alt Schleswig. Beiträge zur Geschichte der Stadt Schleswig.* Schleswig 1924.

Rohkohl, Otto: *Das kleine Heiligenhafenbuch.* Heiligenhafen 1972.

Schröder, Johannes von: *Topographie des Herzogthums Schleswig.* Oldenburg i.H. 1854.

Schröder, Johannes von, und Hermann Biernatzki: *Topographie der Herzogthümer Holstein und Lauenburg, des Fürstenthums Lübeck und des Gebiets der freien und Hanse-Städte Hamburg und Lübeck.* Oldenburg i.H. 1855/56.

Stadt Heiligenhafen (Hrsg.): *Heiligenhafen. 650 Jahre Stadt – 700 Jahre Kirche.* Heiligenhafen 1955.

Statistisches Landesamt Schleswig-Holstein (Hrsg.): *Die Bevölkerung der Gemeinden in Schleswig-Holstein 1867-1970* (Historisches Gemeindeverzeichnis). Kiel 1972.

Statistisches Landesamt Schleswig-Holstein (Hrsg.): *Wohnplatzverzeichnis Schleswig-Holstein 1987.* Kiel 1992.

Volquardsen, Johann Redlef: *Der Brunottenkoog in derWiedingharde.* Bredstedt 1965.

C. Einzelveröffentlichungen.

Bertram, Frenz: *Die Mühlen des Amts Schwabstedt.* In: Zwischen Eider und Wiedau. Heimatkalender für Nordfriesland 1971.

Iben, Uwe: *Die OsterhusumerWassermühle. Ein Denkmal vorindustriellerWassermühlentechnik.* In: Husumer Nachrichten, 27. August 1983.

Karstens, Uwe: *Mit nichts anderem als einer Axt auf dem Rücken. Die beispiellose Mühlenbauerkarriere des Carl Friedrich Trahn aus Neustadt (1806-1688).* In: Jahrbuch für Heimatkunde Oldenburg/Ostholstein 1993.

Kraft, Heinrich, *Unsere Mühlen im Koog.* In: Zwischen Eider und Wiedau. Heimatkalender für Nordfriesland 1977.

Kuehn, Alfred: *Die Mühlen des Kreises Rendsburg.* In: Heimatkundliches Jahrbuch für den Kreis Rendsburg 1958.

Laage, Georg: *Zur Geschichte fehmarnscherWindmühlen.* In: Jahrbuch des Kreises Oldenburg/Holstein 1957.

Michaelsen, Hermann: *Zur Geschichte der Schönwalder Mühlen, II. Teil.* In: Jahrbuch für Heimatkunde Oldenburg/Ostholstein 1981.

Münster, Hinrich: *Von der Pinneberger Erbpacht-Wassermühle.* In: Jahrbuch für den Kreis Pinneberg 1994.

Petersen, Hans-Peter: *Dithmarscher Mühlen im In-dustriezeitalter.* In: Dithmarschen, Heft 4, 1987.

Rischmüller, Willy: *Hobbersdorf und seine Mühlen.* In: Jahrbuch für Heimatkunde Eutin 1970.

Rönnpag, Otto: *Die Gremsmühle.* In: Jahrbuch für Heimatkunde Eutin 1992.

Saathoff, Gerd M.: *Windmühlen auf Segelschiffen:* In: Die Mühle + Mischfuttertechnik, Heft 51, 15. Dezember 1988.

Seifert, Hans: *Ein Jubiläum im Verborgenen. Die Oster-husumer Mühle ist hundert Jahre im Besitz der Familie Henningsen.* In: Zwischen Eider und Wiedau. Heimatkalender für Nordfriesland 1987.

D. Ungedruckte Quellen

Akten im:
Kreisarchiv Nordfriesland
Landesarchiv Schleswig.